रेख़्ता के नज़ीर

नज़ीर अकबराबादी

जुदा किसी से किसी का ग़रज़ हबीब न हो
ये दाग़ वो है कि दुश्मन को भी नसीब न हो

रेख़्ता के नज़ीर

संकलन:
फ़रहत एहसास

BOOKS
राजकमल प्रकाशन

BOOKS राजकमल प्रकाशन

रेख़्ता बुक्स
बी-37, सेक्टर - 1, नोएडा
उत्तर प्रदेश - 201301

rekhtabooks@rekha.org
www.rekhtabooks.com
www.rajkamalprakashan.com

रेख़्ता के नज़ीर

संकलन : फ़रहत एहसास

ISBN: 978-81-948769-8-4

प्रथम संस्करण : 2021
पुनर्मुद्रण : 2021

फ़ॉन्ट : योगेश यूनि
मुद्रक : यश प्रिन्टोग्राफ़िक्स, नोएडा

आवरण एवं पुस्तक सज्जा
नीलिमा प्र आर्यन, रेख़्ता

सहयोग राशि : ₹199

ग़ज़ल के चलते हुए चाक
की रचनात्मक रफ़्तार
के नाम

एक और नया क़दम

'रेख़्ता फ़ाउन्डेशन' का बुनियादी काम, उर्दू शाइ'री के शब्द और अर्थ की ख़ूबसूरती, रंग-रस, संगीत, स्पर्श और ज़ाइक़े को ज़ियादा से ज़ियादा लोगों तक पहुँचाना और उन्हें इसके सम्पर्क में लाना है। इसीलिए 'रेख़्ता' वेबसाइट पर, उर्दू शाइ'री को दुरुस्त पाठ और मे'यारी चयन के साथ देवनागरी और रोमन लिपियों में भी पेश किया गया, ताकि उर्दू लिपि न जानने वाले उर्दू दोस्त भी अपनी महबूब शाइ'री के रचना-संसार में दाख़िल हो सकें।

यही मक़्सद 'रेख़्ता बुक्स' की स्थापना का भी प्रेरणा-स्रोत रहा है, जो बुनियादी तौर पर उर्दू शाइ'री और उसके प्रेमियों के दर्मियान किताब का पुल बनाने का प्रकाशन-प्रॉजेक्ट है। आगे चलकर इसका दायरा बढ़ाते हुए, दीगर विधाओं, ख़ास तौर पर कथा साहित्य, आत्म-कथाओं, यात्रा-वृत्तांतों वग़ैरह को भी इस प्रॉजेक्ट का हिस्सा बनाया जाएगा।

'ग़ज़ल उसने छेड़ी' शीर्षक के तहत, अब तक की अहम उर्दू शाइ'री का एक विस्तृत संकलन देवनागरी लिपि में प्रस्तुत करने के बा'द, 'रेख़्ता हर्फ़-ए-ताज़ा सीरीज़' की सूरत में एक और पेशक़दमी की गई जो उर्दू शाइ'री की मौजूदा नई रचनात्मक संभावनाओं को रूनुमाई का मौक़ा' देने पर केंद्रित है। इसके बा'द कल और आज के स्थापित, महत्वपूर्ण और प्रतिनिधि शाइ'रों के कलाम का इन्तिख़ाब, 'रेख़्ता नुमाइन्दा कलाम सीरीज़' के नाम से, पेश करने का सिलसिला जारी किया गया। इसके तहत अब तक बहुत सी अच्छी और ज़रूरी शाइ'री पेश की जा चुकी है।

अब एक और नई पेशकश। क्लासिकी शाइ'री, जो उर्दू शाई'री का प्राण-स्रोत और रचनात्मक बुनयाद है, देवनागरी लिपि में बहुत कम उपलब्ध है। कुछ 'मीर' और 'ग़ालिब', कुछ 'ज़ौक़' और 'दाग़' और थोड़ा बहुत कुछ और। दूसरी तरफ़, पाठकों की ओर से क्लासिकी शाइ'री की तलब तेज़ी से बढ़ रही है। इस तलब को उसकी मन्ज़िल तक पहुँचाने के लिए, 'रेख़्ता क्लासिकी सीरीज़' के तहत किताबों का एक नया सिलसिला प्रस्तुत है, जिस में कोशिश होगी कि सारे महत्वपूर्ण क्लासिकी शाइ'रों का पूरा चेहरा और रंग सामने लाया जाए। उम्मीद है इस सीरीज़ को भी आपका प्रेम और क़ुबूलियत हासिल होगी।

संजीव सराफ़

संस्थापक, रेख़्ता फ़ाउन्डेशन

फ़ेह्‌रिस्त

ग़ज़लें

हो क्यों न तिरे काम में हैरान तमाशा
या-रब[1] तिरी क़ुदरत[2] में है हर आन[3] तमाशा
1 ऐ ख़ुदा 2 प्रकृति 3 पल

ले अ'र्श[1] से ता-फ़र्श[2] नए रंग नए ढंग
हर शक्ल अ'जाइब[3] है हर इक शान तमाशा
1 आस्मान 2 ज़मीन तक 3 विचित्रताओं में से

अफ़्लाक[1] प तारों की झलकती है तिलिस्मात[2]
और रू-ए-ज़मीं[3] पर गुल-ओ-रेहान[4] तमाशा
1 आस्मानों 2 जादू भरा माहौल 3 ज़मीन 4 तरह तरह के फूल पत्ते

जिन्नात[1] परी देव मलक[2] हूर भी नादिर[3]
इन्सान अ'जूबा[4] है तो हैवान[5] तमाशा
1 जिन (एक अदृश्य प्राणी जो आग से बना है) का बहुवचन 2 फ़रिश्ता 3 अनोखा 4 विचित्र 5 जानवर

जब हुस्न के जाती है मुरक़्क़े'[1] प नज़र आह
क्या क्या नज़र आता है हर इक आन तमाशा
1 तस्वीरों का अलबम

चोटी की गुंधावट कहीं दिखलाती है लहरें
रखती है कहीं ज़ुल्फ़-ए-परेशान[1] तमाशा
1 बिखरे बाल

गर इ'श्क़ के कूचे[1] में गुज़र कीजे तो वाँ भी
हर वक़्त नई सैर है हर आन तमाशा
1 गली

मुंह ज़र्द[1] बदन ख़ुश्क[2] जिगर चाक[3] अलमनाक[4]
ग़ुल-शोर तपिश[5] नाला-ओ-अफ़ग़ान तमाशा

1 पीला 2 सूखा 3 फटा हुआ 4 दुखी 5 जलन 6 फ़र्याद

हम पस्त-निगाहों[1] की नज़र में तो 'नज़ीर' आह
सब अर्ज़-ओ-समा[2] की है गुलिस्तान[3] तमाशा

1 नीची निगाह वाले 2 ज़मीन और आस्मान 3 बाग़

❀

गर हम ने दिल सनम[1] को दिया फिर किसी को क्या
इस्लाम छोड़ कुफ़्र लिया फिर किसी को क्या

1 मूर्ति / मा'शूक़

क्या जाने किसके ग़म में हैं आँखें हमारी लाल
ऐ हम ने गो[1] नशा भी पिया फिर किसी को क्या

1 अगर

आफी[1] किया है अपने गरेबाँ[2] को हमने चाक[3]
आफी सिया सिया न सिया फिर किसी को क्या

1 आप ही 2 कुर्ते या क़मीज़ का ऊपरी हिस्सा 3 फाड़ना

उस बेवफ़ा ने हमको अगर अपने इ'श्क़ में
रुस्वा[1] किया ख़राब किया फिर किसी को क्या

1 बदनाम

दुनिया में आ के हमसे बुरा या भला 'नज़ीर'
जो कुछ कि हो सका सो किया फिर किसी को क्या

❁

नज़र पड़ा इक बुत-ए-परी-वश[1] निराली सज-धज नई अदा का
जो उ'म्र देखो तो दस बरस की प क़हर-ओ-आफ़त ग़ज़ब ख़ुदा का

1 परियों जैसा मा'शूक़

जो घर से निकले तो ये क़यामत[1] कि चलते चलते क़दम क़दम पर
किसी को ठोकर किसी को छक्कड़ किसी को गाली निपट लड़ाका

1 प्रलय, हंगामा

गले लिपटने में यूँ शिताबी[1] कि मिस्ल[2] बिजली के इज़्तिराबी[3]
कहीं जो चमका चमक चमक कर कहीं जो लपका तो फिर झपाका

1 जल्दी 2 की तरह 3 बेचैनी

ये चंचलाहट ये चुलबुलाहट ख़बर न सर की न तन की सुध-बुध
जो चीरा[1] बिखरा बला से बिखरा न बन्द बाँधा कभू क़बा[2] का

1 पगड़ी 2 लिबास

लड़ा दे आँखें वो बे-हिजाबी[1] कि फिर पलक से पलक न मारे
नज़र जो नीची करे तो गोया[2] खिला सरापा[3] चमन हया[4] का

1 बे-पर्दा रहना 2 जैसे 3 सर से पाँव तक 4 शर्म

ये राह चलने में चंचलाहट कि दिल कहीं है नज़र कहीं है
कहाँ का ऊँचा कहाँ का नीचा ख़याल किसको क़दम की जा[1] का

1 जगह

ये रम[1] ये नफ़रत ये दूर खिंचना ये नंग[2] आ'शिक़ के देखने से
जो पत्ता खटके हवा से लग कर तो समझे खटका निगह के पा[3] का

1 दौड़ना, दूर जाना 2 शर्म 3 पाँव

जतावे उल्फ़त[1] चढ़ावे अब्रू[2] इधर लगावट उधर तग़ाफ़ुल[3]
करे तबस्सुम[4] झिड़क दे हर दम रविश[5] हटीली चलन दग़ा[6] का

1 मोहब्बत 2 भौं 3 उपेक्षा 4 मुस्कुराना 5 अन्दाज़, रास्ता 6 धोखा

न वो संभाले किसी के संभले न वो मनाए मने किसी से
जो क़त्ल-ए-आ'शिक़ प आ के मचले तो ग़ैर[1] का फिर न आश्ना[2] का

1 रक़ीब, मा'शूक़ का अन्य आ'शिक़ 2 दोस्त, आ'शिक़ / मा'शूक़

जो शक्ल देखो तो भोली भोली जो बातें सुनिए तो मीठी मीठी
दिल ऐसा पत्थर कि सर अड़ा दे जो नाम लीजे कभी वफ़ा का

'नज़ीर' हट जा परे सरक जा बदल ले सूरत छुपा ले मुंह को
जो देख लेवेगा वो सितमगर[1] तो यार होगा अभी झड़ाका

1 अत्याचारी

चाह में उसकी दिल ने हमारे नाम को छोड़ा नाम किया
शग़ल[1] में उसके शौक़ बढ़ा कर काम को छोड़ा काम किया

1 काम, व्यस्तता

ज़ुल्फ़[1] दुपट्टा धानी में कर के पिन्हाँ[2] मिरा दिल बाँध लिया
सैद[3] न खावे क्यों-कर ज़ुल[4] जब सब्ज़े में पिन्हाँ दाम[5] किया

1 बाल 2 छुपा हुआ 3 क़ैदी 4 धोखा 5 जाल

रम[1] पर अपने आहू-ए-दिल[2] को ग़र्रा[3] निहायत[4] था लेकिन
चंचल आहू-चश्म[5] ने उसको एक निगह में राम[6] किया

1 दौडना 2 दिल रूपी हिरन 3 अकड़ 4 बहुत अधिक 5 हिरन जैसी आँखों वाला 6 क़ाबू करना

समझे थे यूँ हम दिल को लगा कर पावेंगे याँ आराम बहुत
हैफ़[1] इसी फ़हमीद[2] ने हमको क्या क्या बे-आराम किया

1 अफ़्सोस 2 समझदारी

हमने कहा जब नाज़-ए-बुताँ[1] के तुम तो बहुत काम आए 'नज़ीर'
सुन के कहा क्या आए जी हाँ कुछ बुत के मुआफ़िक़[2] काम किया

1 मूर्तियों / मा'शूक़ की अदाएँ / अभिमान 2 अनुकूल

❋

तुझे कुछ भी ख़ुदा का तर्स[1] है ऐ संग-दिल[2] तर्सा[3]
हमारा दिल बहुत तरसा अरे तर्सा न अब तरसा

1 डर 2 पत्थर दिल 3 नास्तिक, आग पूजने वाला

मैं उस पर मुब्तला[1] वो ग़ैर-मज़्हब[2] शोख़ अब तर्सा
क़यामत है मुसलमाँ आ'शिक़ और मा'शूक़ है तर्सा

1 ग्रस्त, पीड़ित, लिप्त 2 दूसरे धर्म का

फ़क़त[1] तीर-ए-निगह से तो न दिल की आरज़ू[2] निकली
तिरे क़ुर्बां[3] लगा अब के कोई इससे भी बेहतर सा

1 केवल 2 कामना 3 निछावर

न जाऊँ मैं तो उसके पास लेकिन क्या करूँ यारो
यकायक कुछ जिगर में आ के लग जाता है निश्तर[1] सा

1 छुरी

पुकारा दूर से दे कर सफ़ीर[1] उसने तो क्या मेरा
धड़क कर यक-ब-यक[2] सीने में दिल लोटा कबूतर सा

1 सीटी 2 अचानक

हुआ बीमार तेरे इ'श्क़ में जो चर्ख़-ए-चारुम[1] पर
मसीहा[2] पढ़ रहा है कुछ बिछा कर अपना बिस्तर सा

1 चौथा आस्मान 2 इ'लाज करने वाला, मुर्दे में जान डालने वाला

'नज़ीर' इक दो गिले[1] करने बहुत होते हैं ख़ूबाँ[2] से
चलो अब चुप रहो बस खोल बैठे तुम तो दफ़्तर[3] सा

1 शिकायत 2 सुंदर मा'शूक़ 3 संग्रह

❁

कुछ तो हो कर दू-ब-दू[1] कुछ डरते डरते कह दिया
दिल प जो गुज़रा था हमने आगे उसके कह दिया
1 आमने-सामने

बातों बातों में जो हम ने दर्द दिल का भी कहा
सुन के बोला तू ने ये क्या बकते बकते कह दिया

अब कहें क्या उससे हमदम[1] दिल लगाते वक़्त आह
था जो कुछ कहना सो वो तो हमने पहले कह दिया
1 दोस्त

चाह रखते थे छुपाए हम तो लेकिन उसका भेद
कुछ तो हमने सामने उस हम-नशीं[1] के कह दिया
1 दोस्त, मा'शूक़

ये सितम देखो ज़रा मुंह से निकलते ही 'नज़ीर'
इसने उससे उसने इससे इसने उससे कह दिया

❁

नीची निगह की हमने तो उसने मुंह को छुपाना छोड़ दिया
कुछ जो हुई फिर ऊँची तो रुख़[1] से पर्दा उठाना छोड़ दिया
1 चेहरा

ज़ुल्फ़[1] से जकड़ा पहले तो दिल फिर उसका तमाशा देखने को
नज़रों का उस पर सेहर[2] किया और कर के दिवाना छोड़ दिया
1 बाल 2 जादू

उसने उठाया हम प तमाँचा हमने हटाया मुंह को जो आह
शोख़ ने हमको उस दिन से फिर नाज़[1] दिखाना छोड़ दिया
1 अदा, अभिमान

बैठ के नज़्दीक उसके जो इक दिन पाँव को हमने चूम लिया
उसने हमें बेबाक[1] समझ कर लुत्फ़[2] जताना छोड़ दिया
1 धृष्ट, निर्लज्ज 2 मोहब्बत, स्नेह

फिर जो गए हम मिलने को उसके देख के उसने हमको 'नज़ीर'
यूँ तो कहा हाँ आओ जी लेकिन पास बिठाना छोड़ दिया

❁

बेजा है रह-ए-इ'श्क़[1] में ऐ दिल गिलः-ए-पा[2]
ये और ही मन्ज़िल है नहीं मर्हलः-ए-पा[3]
1 प्रेम-मार्ग 2 पाँव की शिकायत 3 पाँव का पड़ाव

हंगाम-ए-ख़िराम[1] उसके हुजूम-ए-दिल-ए-उ'श्शाक़[2]
ग़श-कर्दा[3] हैं ठोकर के ब-हर-फ़ास्लः-ए-पा[4]
1 चलते समय 2 आ'शिक़ों के बहुत से दिल 3 बेहोश 4 हर क़दम पर

कल बोसा-ए-पा[1] हमने लिया था सो न आया
शायद कि वो बोसा ही हुआ आब्लः-ए-पा[2]
1 पाँव का चुंबन 2 पाँव का छाला

उस पा[1] की रह-ए-रश्क में नाजुक-क़दमों[2] के
फिरते हैं भटकते हुए सौ क़ाफ़िलः-ए-पा[3]
1 पाँव 2 कोमल पाँव वाले मा'शूक़ 3 पाँव के क़ाफ़िले

सौ नाज़[1] से ठोकर ब-सर-ए-अ'र्श[2] लगाना
उस गुल[3] के सिवा किसका है ये हौस्लः-ए-पा
1 अदा, अभिमान 2 आस्मान को 3 फूल / मा'शूक़

गुल-बर्ग[1] प रखते ही क़दम हँस के जो खींचा
शायद हुई सख़्ती से रग-ए-गुल[2] ख़िलः-ए-पा[3]
1 फूल की पत्ती 2 फूल का रेशा 3 पाँव में लगी फाँसी

दिल से रह[1]-ए-दिल-बस्तगी[2] कब तय हो 'नज़ीर' आह
वो ज़ुल्फ़-ए-मुसल्सल[3] जो न हो सिल्सिलः-ए-पा[4]
1 राह 2 दिल बंधा होना / प्रेम 3 लम्बे बाल 4 पाँव की ज़न्जीर

❋

पाया मज़ा ये हमने अपनी निगह-लड़ी का
जो देखना पड़ा है ग़ुस्सा घड़ी घड़ी का

उ'क़्दा[1] तो नाज़नीं[2] के अब्रू[3] का हमने खोला
अब खोलना है उसकी ख़ातिर[4] की गुल-झड़ी[5] का
1 गुत्थी 2 मा'शूक़ 3 भौं 4 दिल 5 गाँठ

इस रश्क-ए-मह[1] के आगे क्या क़द्र[2] है परी की
कब पहुँचे हुस्न उसको ऐसी गिरी-पड़ी का
1 जिससे चाँद को ईर्ष्या हो / मा'शूक़ 2 मूल्य, सम्मान

इस गुल-बदन[1] ने हँस कर इक ले के शाख़-ए-नस्रीं[2]
हमसे कहा कि कीजे कुछ वस्फ़[3] इस छड़ी का
1 फूल जैसे जिस्म वाला मा'शूक़ 2 सफ़ेद फूलों की टहनी 3 प्रशंसा

जब हम 'नज़ीर' बोले ऐ जाँ ये वो छड़ी है
दिल टूटता है जिस पर जूँ फूल-पंखुड़ी का

❁

हुस्न उस शोख़[1] का अहा-हाहा
जिन ने देखा कहा अहा-हाहा

1 चंचल मा'शूक़

ज़ुल्फ़ डाले है गर्दन-ए-दिल में
दाम[1] क्या क्या बढ़ा अहा-हाहा

1 जाल

तेग़-ए-अब्रू[1] भी करती है दिल पर
वार क्या क्या नया अहा-हाहा

1 भौं की तल्वार

आन[1] पर आन वो अजी ओ हो
और अदा पर अदा अहा-हाहा

1 मान-अभिमान

नाज़[1] से जो न हो वो करती है
चुपके चुपके हया[2] अहा-हाहा

1 अभिमान 2 शर्म

बज़्म-ए-ख़ूबाँ[1] में जब गया वो शोख़
अपनी सज-धज बना अहा-हाहा

1 सुंदरियों की महफ़िल

की ओ-हो-हो किसी ने देख 'नज़ीर'
कोई कहने लगा अहा-हाहा

❀

लिपट लिपट के मैं उस गुल के साथ सोता था
रक़ीब[1] सुब्ह को मुंह आँसुओं से धोता था

1 मा'शूक़ का अन्य आ'शिक़, प्रतिद्वन्द्वी

तमाम रात थी और कुहनियाँ-ओ-लातें थीं
न सोने देता था मुझको न आप सोता था

जो बात हिज्र[1] की आती तो अपने दामन से
वो आँसू पोछता जाता था और मैं रोता था

1 विरह

मसकती चोली तो लोगों से छुप के सीने को
वो तागे बटता था और मैं सुई पिरोता था

ग़रज़ दिखाने को आन-ओ-अदा के सौ आ'लम
वो मुझसे पाँव धुलाता था और मैं धोता था

नहाने जाते तो फिर आह करती छींटों से
वो ग़ोते[1] देता था और मैं उसे डुबोता था

1 डुबकियाँ

हुआ न मुझको ख़ुमार[1] आख़िर उन शराबों का
'नज़ीर' आह इसी रोज़ को मैं रोता था

1 नशा

अगर है मन्जूर ये कि होवे हमारे सीने का दाग़ ठंढा
तो आ लिपटये गले से ऐ जाँ झमक से कर झप चराग़ ठंढा

हम और तुम जाँ[1] अब इस क़दर तो मोहब्बतों में हैं एक तन मन
लगाया तुमने जबीं[2] प संदल हुआ हमारा दिमाग़ ठंढा
1 मा'शूक़ 2 माथा

लबों[1] से लगते ही हो गई थी तमाम सर्दी दिल-ओ-जिगर में
दिया था साक़ी[2] ने रात हमको कुछ ऐसे मय[3] का अयाग़[4] ठंढा
1 होंठ 2 शराब पिलाने वाला 3 शराब 4 प्याला

दरख़्त[1] भीगे हैं कल के मेंह[2] से चमन चमन में भरा है पानी
जो सैर कीजे तो आज साहब अ'जब तरह का है बाग़ ठंढा
1 पेड़ 2 बारिश

वही है कामिल[1] 'नज़ीर' इस जा वही है रौशन-दिल ऐ अ'ज़ीज़ो[2]
हवा से दुनिया की जिसके दिल का न होवे हर्गिज़[3] चराग़ ठंढा
1 सिद्ध 2 दोस्तों 3 कभी नहीं

उसके शरार-ए-हुस्न[1] ने शो'ला जो इक दिखा दिया
तूर[2] को सर से पाँव तक फूँक दिया जला दिया

1 सुंदरता की चिंगारी 2 पहाड़ जहाँ पैग़म्बर मूसा ने ख़ुदा से बात की थी

फिर के निगाह चार-सू[1] ठहरी उसी के रू-ब-रू[2]
उसने तो मेरी चश्म[3] को क़िबला-नुमा[4] बना दिया

1 चारों ओर 2 आमने सामने 3 आँख 4 का'बे की दिशा बताने वाला यंत्र

मेरा और उसका इख़्तिलात[1] हो गया मिस्ल-ए-अब्र-ओ-बर्क़[2]
उसने मुझे रुला दिया मैंने उसे हँसा दिया

1 प्रेम-संबंध 2 बादल और बिजली जैसा

मैं हूँ पतंग-ए-काग़ज़ी डोर है उसके हाथ में
चाहा इधर घटा दिया चाहा उधर बढ़ा दिया

तेशे[1] की क्या मजाल थी ये जो तराशे बे-सुतूँ[2]
था वो तमाम दिल का ज़ोर जिस ने पहाड़ ढा दिया

1 कुदाल 2 पहाड़ का नाम जिसे फ़र्हाद ने काटा था

आन रखता है अ'जब यार का लड़ कर चलना
हर क़दम नाज़[1] के ग़ुस्से में अकड़ कर चलना
1 अभिमान

जितने बन बन के निकलते हैं सनम[1] नाम-ए-ख़ुदा[2]
सब में भाता है मुझे उसका बिगड़ कर चलना
1 मूर्ति / मा'शूक़ 2 ख़ुदा का नाम लो

ना-तवानी[1] का भला हो जो हुआ मुझको नसीब[2]
उसकी दीवार की ईंटों को रगड़ कर चलना
1 कमज़ोरी 2 प्राप्त, भाग्य

उसकी काकुल[1] है बुरी मान कहा ऐ अफ़ई'[2]
देखियो उससे तू काँधा न रगड़ कर चलना
1 बाल 2 साँप

चलते चलते न ख़लिश[1] कर फ़लक-ए-दूँ[2] से 'नज़ीर'
फ़ायदा क्या है कमीने से झगड़ कर चलना
1 खटक, लड़ाई 2 नीच / अधम आस्मान

❁

सहर[1] जो निकला मैं अपने घर से तो देखा इक शोख़ हुस्न वाला
झलक वो मुखड़े में उस सनम के कि जैसे सूरज में हो उजाला
1 सुब्ह

निगह लड़ाई है उसने जिस दम झटक लिया झप तो दिल को मेरे
अदा अदा ने इधर दबोचा पलक पलक ने उधर उछाला

जो ले लिया दिल को मेरे यारो तो उसने ली राह अपने घर की
पड़ा तड़पता मैं रह गया वाँ ज़बाँ प आह और लबों[1] प नाला[2]
1 होंठ 2 फ़र्याद, रूदन

बहुत ये मैं ने तो चाहा पूछूँ मैं नाम उसका वले[1] वो गुल-रू[2]
न मुझसे बोला न की इशारत[3] न दी तसल्ली[4] न कुछ सँभाला
1 लेकिन 2 फूल-चेहरा मा'शूक़ 3 इशारा 4 ढारस

तुसा[1] दे[2] मिलने नूँ[3] दिल है बे-कल एही[4] ओ गल्लाँ[5] नित आखदा[6] है
सदा ले मैनूँ[7] दे अपने घर विच[8] नहीं तो इत्थे[9] असा[10] दे नाल[11] आ
1 तुझे 2 से 3 को 4 यही 5 बात 6 कहता 7 मुझे 8 में 9 यहाँ 10 मेरे 11 पास

तुम्हारी आसा लगी है निस दिन तुम्हारे दर्शन को तरसें नैनाँ
दुलारे सुंदर अनूठे अबरन[1] हटीले मोहन अनोखे लाला
1 जिसका वर्णन न हो सके

अगन बरत है हिया में मोरे बिरह में तेरे ऐ मन-मुहनवाँ
तोरे जो नैनाँ ने मोहा मोहको न जीनूँ तिन को भवा वखाला

कभी तो हँस कर शिताब[1] आ जा 'नज़ीर' की भी तरफ़ टुक ऐ जाँ
बना के सज-धज फिरा के दामन लगा के ठोकर हिला के बाला
1 जल्दी

❀

उधर उसकी निगह का नाज़ से आ कर पलट जाना
इधर मरना तड़पना ग़श[1] में आना दम[2] उलट जाना

1 बेहोश 2 साँस

कहूँ क्या क्या मैं नक़्शे उसकी नागिन ज़ुल्फ़[1] के यारो
लिपटना उड़ के आना काट खाना फिर पलट जाना

1 बाला

अगर मिलने की धुन रखना तो इस तर्कीब[1] से मिलना
सरकना दूर हटना भागना और फिर लिपट जाना

1 युक्ति, उपाय

न मिलने का इरादा हो तो ये अ'य्यारियाँ[1] देखो
हुमकना आगे बढ़ना पास आना और हट जाना

1 मक्कारियाँ

ये कुछ बहरूप-पन देखो कि बन कर शक्ल दाने की
बिखरना सब्ज़[1] होना लहलहाना फिर सिमट जाना

1 हरा

ये यक्ताई[1] ये यक-रंगी[2] तिस ऊपर ये क़यामत[3] है
न कम होना न बढ़ना और हज़ारों घट में बट जाना

1 अद्वितीय होना 2 एक जैसा हो जाना 3 प्रलय

'नज़ीर' ऐसा जो चंचल दिलरुबा[1] बहरूपिया होवे
तमाशा है फिर ऐसे शोख़ से सौदे का पट जाना

1 दिल चुराने वाला / मा'शूक़

❁

गुलज़ार[1] है दाग़ों से यहाँ तन-बदन अपना
कुछ ख़ौफ़ ख़िज़ाँ[2] का नहीं रखता चमन अपना
1 बाग़ 2 पतझड़

अश्कों[1] के तसल्सुल[2] ने छुपाया तन-ए-उ'र्यां[3]
ये आब-ए-रवाँ[4] का है नया पैरहन[5] अपना
1 आसुओं 2 निरंतरता 3 नंगा बदन 4 बहता पानी 5 लिबास

किस तर्ह बने ऐसे से इन्साफ़[1] तो है शर्त
ये वज़्अ'[2] मिरी देखो वो देखो चलन अपना
1 न्याय 2 अन्दाज़

इन्कार नहीं आप के घर चलने से मुझको
मैं चलने को मौजूद जो छोड़ो चलन अपना

मस्कन[1] का पता ख़ाना-ब-दोशों[2] से न पूछो
जिस जा प कि बस गिर रहे वो है वतन[3] अपना
1 रहने की जगह 2 बंजारों 3 देश, जन्म भूमि

❁

किधर है आज इलाही[1] वो शोख़ छल-बलिया
कि जिसके ग़म से मिरा दिल हुआ है बावलिया
1 या ख़ुदा

तमाम गोरों के हैरत से रंग उड़ जाते
जो घर से आज निकलता वो मेरा साँवलिया

तुझे ख़बर नहीं बुलबुल के बाग़ से गुलचीं[1]
बड़ी सी फूलों की इक भर के ले गया डलिया
1 फूल तोड़ने वाला

'नज़ीर' यार की हम ने जो कल ज़ियाफ़त[1] की
पकाया क़र्ज़[2] मँगा कर पुलाव और क़लिया[3]
1 खाने पर बुलाना 2 उधार 3 भुना गोश्त

सो यार आप न आया रक़ीब[1] को भेजा
हज़ार हैफ़[2] हम ऐसे नसीब[3] के बलिया[4]
1 मा'शूक़ का अन्य आ'शिक़, प्रतिद्वन्द्वी 2 दुख 3 भाग्य 4 ताक़तवर

इधर तो क़र्ज़ हुआ और उधर न आया यार
पकाई खीर थी क़िस्मत से हो गया दलिया

❁

इधर यार जब मेह्रबानी[1] करेगा
तो अपना भी जी शादमानी[2] करेगा

1 कृपा 2 ख़ुश होना

दिया दिल 'नज़ीर' उसको यूँ कह के ऐ जाँ
कहोगे तो ये पास्बानी[1] करेगा

1 पहरेदारी

पढ़ेगा ये अश्आ'र[1] बैठोगे जब तक
जो लेटोगे अफ़्साना-ख़्वानी[2] करेगा

1 शे'र का बहुवचन 2 कहानी सुनाना

बिठाओगे दर पर तो होगा ये दरबाँ[1]
लड़ाओगे तो पहलवानी करेगा

1 पहरेदार

इताअ'त[1] में ख़िदमत[2] में फ़र्मां-बरी[3] में
ग़रज़[4] हर तरह जाँ-फ़िशानी[5] करेगा

1,3 आज्ञा-पालन 2 सेवा 4 मत्लब ये कि 5 कड़ी मेहनत

मिरा ख़त, है जहाँ यारो वो रश्क-ए-हूर[1], ले जाना
किसी सूरत से वाँ तक तुम मिरा मज़्कूर[2] ले जाना
1 जिस से हूर को ईर्ष्या हो / मा'शूक़ 2 चर्चा

अगर वो शो'ला-रू[1] पूछे मिरे दिल के फफोलों को
तो उसके सामने इक ख़ोशा-ए-अंगूर[2] ले जाना
1 दहकते चेहरे वाला 2 अंगूर की बाली

जो ये पूछे कि अब कितनी है उस के रंग पर ज़र्दी[1]
तो यारो तुम गुल-ए-सद-बर्ग[2] या काफ़ूर ले जाना
1 पीलापन 2 गेंदे का फूल

अगर पूछे मिरे सीने के ज़ख़्मों को तो ऐ यारो
कहीं से ढूँढ कर इक ख़ाना-ए-ज़ंबूर[1] ले जाना
1 मधुमक्खियों का छत्ता

रक़ीब-ए-रू-सियह[1] के हाल का गर माज्रा[1] पूछे
तो उसके सामने जंगल से इक लंगूर ले जाना
1 काले मुंह वाला रक़ीब 2 हाल, क़िस्सा

'नज़ीर' इक दिन ख़ुशी से यार ने हँस कर कहा मुझको
कि तू भी एक बोसा[1] हमसे ऐ रन्जूर[2] ले जाना
1 चुंबन 2 दुखी

यार ने हमको अगर रुस्वा[1] कहा अच्छा कहा
हम तो रुस्वा हैं ही क्या बे-जा[2] कहा अच्छा कहा

1 बदनाम 2 ग़लत

वस्फ़[1] उसके हुस्न का कुल्ली[2] हुआ किससे मगर
जिस के जितना फ़ह्म[3] में आया कहा अच्छा कहा

1 प्रशंसा 2 पूरा 3 समझ

आपसे जब आपको हमने मिलाया ख़ाक[1] में
फिर तो जिस जिसने जो कुछ चाहा कहा अच्छा कहा

1 मिट्टी

यार के आगे पढ़ा ये रेख़्ता[1] जा कर 'नज़ीर'
सुन के बोला वाह-वाह अच्छा कहा अच्छा कहा

1 शाइ'री

कर लेते अलग हम तो दिल इस शोख़ से कब का
गर और भी होता कोई इस तौर[1] की छब का

1 अन्दाज़

बोसे[1] की ए'वज़[2] होते हैं दुश्नाम[3] से मस्रूर[4]
इतना तो करम[5] हम प भी है यार के लब[6] का

1 चुंबन 2 बदले में 3 गाली 4 ख़ुश 5 कृपा 6 होंठ

उस कान के झुमके की लटक देख ली शायद
हर ख़ोशा[1] इसी ताक[2] में रहता है इ'नब[3] का

1 गुच्छा 2 अंगूर की बेल 3 अंगूर

देखा जो बड़ी देर तलक उसने मुंह अपना
ले दस्त-ए-हिना-बस्ता[1] में आईना हलब[2] का

1 मेंहदी लगा हाथ 2 एक शहर

जब हमने कहा रखिए अब आईने को ये तो
हिस्सा है किसी और भी दीदार-तलब[1] का

1 दर्शनाभिलाषी

ये सुन के उधर उसने किया ग़ुस्से में मुंह सुर्ख़[1]
भबका इधर आईना भी हम-सर[2] हो ग़ज़ब[3] का

1 लाल 2 बराबर का 3 प्रकोप

तुम रब्त[1] के ढब जिस से लड़ाते हो 'नज़ीर' आह
वो दिलबर-ए-अ'य्यार[2] है कुछ और ही ढब का

1 संबंध, संपर्क 2 धोखेबाज़ मा'शूक

❁

इ'श्क़ का मारा न सहरा[1] ही में कुछ चौपट पड़ा
है जहाँ उसका अ'मल[2] वो शहर भी है पट पड़ा
1 वीराना, रेगिस्तान 2 अधिकार, शासन, काम

अश्क[1] की नोक-ए-मिज़ः[2] पर शीशा-बाज़ी[3] देखिए
क्या कलाएँ खेलता है बाँस पर ये नट पड़ा
1 आँसू 2 पलक की नोक 3 सर पर शीशे के बर्तन रख कर खेल दिखाना

शायद उस ग़ुन्चा-दहन[1] को हँसते देखा बाग़ में
अब तलक ग़ुन्चा बलाएँ लेता है चट-चट पड़ा
1 कली जैसे मुंह वाला मा'शूक़

क्या तमाशा है कि वो चंचल हटीला चुलबुला
और से तो हट गया पर मेरे दिल पर हट[1] पड़ा
1 पाने के लिए मचल जाना

क्या हुआ गो[1] मर गया फ़र्हाद[2] लेकिन दोस्तो
बे-सुतूँ[3] पर हो रहा है आज तक खट-खट पड़ा
1 यद्दपि 2 फ़र्हाद, शीरीं का आ'शिक़ 3 पहाड़ जिसे फ़र्हाद ने काटा था

दिल बढ़ा कर उसमें खींचा आह ने फिर नीमचा[1]
ऐ 'नज़ीर' आख़िर वो उसका नीमचा भी पट[2] पड़ा
1 छोटी तल्वार 2 उल्टा

कहने उस शोख़ से दिल का जो मैं अहवाल[1] गया
वाँ[2] न तफ़्सील[3] गई पेश[4] न इज्माल[5] गया
1 हाल 2 वहाँ 3 विस्तार 4 काम आना 5 संक्षेप

दाम-ए-काकुल[1] से गिला[2] क्या ये जो है ताइर-ए-दिल[3]
आप अपने ये फँसाने को पर-ओ-बाल[4] गया
1 बालों का पेच 2 शिकायत 3 दिल का परिन्दा 4 बाल, सामर्थ्य

दिल-ए-बेताब[1] की क्या जाने हुई क्या सूरत
पीछे उस शोख़ सितमगर[2] के जो फ़िलहाल गया
1 बेचैन दिल 2 अत्याचारी

ले गया साथ लगा वो बुत-ए-क़ातिल[1] घर तक
या उसे मार के रस्ते में कहीं डाल गया
1 क़ातिल मा'शूक़

ख़ैर वो हाल हुआ या ये हुई शक्ल 'नज़ीर'
कुछ तअस्सुफ़[1] न करो जाने दो जंजाल गया
1 अफ़्सोस, दुख

लावे ख़ातिर[1] में हमारे दिल को वो मग़रूर[2] क्या
जिसके आगे मेह्र[3] क्या मह[4] क्या परी क्या हूर क्या
1 मान-सम्मान देना 2 अभिमानी 3 प्रेम 4 चाँद

दिल नया हमने लगाया है बता दो मेह्रबाँ[1]
उसकी है रह क्या रविश[2] क्या रस्म क्या दस्तूर[3] क्या
1 कृपा करने वाला 2 रास्ता 3 तरीक़ा, संविधान

याद हों अ'य्यारियाँ[1] जिसको बहुत हम क्या करें
उसके आगे मक्र[2] क्या जुल क्या फ़ुसूँ[3] क्या ज़ोर क्या
1 धोखेबाज़ियाँ 2 जादू 3 जादू

यूँ कहा हम लेंगे बोसा[1] अब तो छू कर ज़ुल्फ़ को
बोला मुंह क्या दस्त-गह[2] क्या ताब[3] क्या मक़्दूर[4] क्या
1 चुंबन 2,3,4 ताक़त

हमको चाहत एक सी है उस परी-रू[1] से 'नज़ीर'
रू-ब-रू[2] क्या दर-क़फ़ा[3] क्या मुत्तसिल[4] क्या दूर क्या
1 परी-चेहरा मा'शूक़ 2 आमने-सामने 3 पीछे 4 पास

❁

जो पूछा मैंने याँ आना मिरा मन्जूर[1] रखिएगा
तो सुन कर यूँ कहा ये बात दिल से दूर रखिएगा
1 स्वीकार

बहुत रोईं ये आँखें और पड़ी दिन रात रोती हैं
अब इनको चश्म[1] भी कीजेगा या नासूर रखिएगा
1 आँख

जो पर्दा बज़्म[1] में मुंह से उठाते हो तो ये कह दो
कि फिर याँ शम्अ' के जलने का क्या मज़्कूर रखिएगा
1 महफ़िल 2 चर्चा

दिया दिल हमने तुमको और तो अब क्या कहें लेकिन
ये वीराना तुम्हारा है उसे मा'मूर[1] रखिएगा
1 बसा हुआ

'नज़ीर' अब तो दिल-ओ-जाँ से तुम्हारा हो चुका बन्दा
मियाँ अपने ग़ुलामों में उसे मश्हूर[1] रखिएगा
1 प्रसिद्ध

मुन्तज़िर[1] उसके दिला[2] ता-ब-कुजा[3] बैठना
शाम हुई अब चलो सुब्ह फिर आ बैठना
1 प्रतीक्षारत 2 ऐ दिल 3 कहाँ, किस जगह

होश रहा ने[1] क़रार दीन[2] रहा और न दिल
पास बुतों के हमें ख़ूब न था बैठना
1 न 2 धर्म

लुत्फ़[1] से ऐ दिल तुझे उसके जो अब्रू[2] बिठाए
बैठियो लेकिन बहुत पास न जा बैठना
1 कृपा, मज़ा 2 भौं

दिल की हमारी ग़रज़[1] बाँधे है क्या बन्द बन्द
शोख़ का वो खोल कर बन्द-ए-क़बा[2] बैठना
1 मत्लब, स्वार्थ 2 लिबास के बंधन

कूचे[1] में उस शोख़ के जाते तो हो ऐ 'नज़ीर'
जुल[2] में कहीं अपनी चाह तुम न जता बैठना
1 गली 2 धोखा

❁

कल मिरे क़त्ल को इस ढब से वो बाँका निकला
मुंह से जल्लाद-ए-फ़लक[1] के भी अहाहा निकला

1 आस्मान का जल्लाद, भाग्य

यूँ तो हम कुछ न थे पर मिस्ल[1]-ए-अनार-ओ-महताब[2]
जब हमें आग लगाई तो तमाशा निकला

1 की तरह 2 पटाख़ों के नाम

क्या ग़लत-फ़हमी[1] है सद हैफ़[2] कि मरते दम तक
जिसको हम समझे थे क़ातिल वो मसीहा[3] निकला

1 भ्रम 2 बहुत दुख 3 मुर्दे में जान डालने वाला

ग़म में हम भानमती बन के जहाँ बैठे थे
इत्तिफ़ाक़न[1] कहीं वो शोख़ भी वाँ आ निकला

1 संयोग से

सीने की आग दिखाने को दहन[1] से मेरे
शो'ले पर शो'ला भभूके प भभूका निकला

1 मुंह

मत शफ़क़[1] कह ये तिरा ख़ून फ़लक[2] पर है 'नज़ीर'
देख टपका था कहाँ और कहाँ जा निकला

1 सवेरे या शाम आस्मान की लाली 2 आस्मान

शब-ए-मह[1] में देख उसका वो झमक झमक के चलना
किया इन्तिख़ाब[2] मह ने ये चमक चमक के चलना
1 चाँदनी रात 2 चुनाव

रविश-ए-सितम[1] में आना तो क़दम उठाना जल्दी
जो रह-ए-करम[2] में आना तो ठिठक ठिठक के चलना
1 अत्याचार का रास्ता 2 कृपा का रास्ता

निधड़क[1] हो जो निकलना तो सर-ए-ख़तर[2] प ठोकर
जो नज़र गुज़र से डरना तो झिजक झिजक के चलना
1 निडर 2 ख़तरे की राह

जो नवाज़िशों[1] प आना तो रगड़ के दोश[2] जाना
जो सर-ए-इ'ताब[3] होना तो फटक फटक के चलना
1 कृपाशीलता 2 कंधा 3 प्रकोप

है खुबा[1] 'नज़ीर' अब तो मिरे जी में उस सनम[2] का
वो अकड़ के धज दिखाना वो हुमक हुमक के चलना
1 गड़ना, चुभना 2 मा'शूक़

❀

कलाल-ए-गर्दूं[1] अगर जहाँ[2] में जो ख़ाक[3] मेरी का जाम[4] करता
तो मैं सनम[5] के लबों[6] से मिल कर अ'जब ही ऐ'श-ए-मुदाम[7] करता

1 आस्मानी शराब-ख़ाने का मालिक 2 दुनिया 3 मिट्टी 4 प्याला 5 मूर्ति / मा'शूक़ 6 होठों 7 हमेशा रहने वाला आनंद

जो पाता लज़्ज़त[1] बिसान-ए-मस्ताँ[2] मय-ए-मोहब्बत[3] से तेरी ज़ाहिद[4]
तो ख़ानकह[5] से निकल के अपनी वो मय-कदे[6] में क़याम[7] करता

1 मज़ा 2 मस्तों की तरह 3 मोहब्बत की शराब 4 धर्म परायण व्यक्ति 5 सूफ़ियों का केंद्र 6 शराब-ख़ाना 7 निवास

जो ज़ुल्फ़ें मुखड़े प खोल देता सनम हमारा तो फिर ये गर्दूं[1]
न दिन दिखाता न शब[2] बताता न सुब्ह लाता न शाम करता

1 आस्मान 2 रात

वो बज़्म अपनी थी मय-ख़ुरी[1] की फ़रिश्ते हो जाते मस्त-ओ-बे-ख़ुद
जो शेख़ जी बच के वाँ से आते तो मैं फिर उनको सलाम करता

1 शराब पीना

'नज़ीर' आख़िर को हार कर मैं गली में उसकी गया था बिकने
तमाशा होता जो मुझको ले कर वो शोख़ अपना ग़ुलाम करता

होश-ओ-ख़िरद[1] को कर दिया तर्क[2] और शग़्ल[3] जो कुछ था छोड़ दिया
हमने तुम्हारी चाह में ऐ जाँ देखो तो क्या क्या छोड़ दिया
1 बुद्धि 2 छोड़ना 3 काम, व्यस्तता

कूचे[1] में उस रश्क-ए-चमन[2] के जा के जो बैठा फिर उसने
बाग़-ओ-चमन याँ जितने हैं सबका सैर-ओ-तमाशा छोड़ दिया
1 गली 2 जिससे बाग़ को जलन हो / मा'शूक़

लूटा होश और लूटा दीं[1] को दिल को भी कुचला क्या क्या वाह
नाज़[2] को उसने आज तो कुछ बे-दाद[3] पर ऐसा छोड़ दिया
1 धर्म 2 अभिमान 3 अत्याचार

दिन को हमारे पास वो चंचल काहे को आवेगा ऐ दिल
रात को इक दम ख़्वाब में आना जिसने इधर का छोड़ दिया

ताइर-ए-दिल[1] जब हमसे गया फिर फ़ायदा क्या जो पूछें 'नज़ीर'
शोख़ ने उसको ज़ब्ह[2] किया या क़ैद रखा या छोड़ दिया
1 दिल का परिन्दा 2 गला काटना

सनम[1] के कूचे[2] में छुप के जाना अगरचे यूँ है ख़याल दिल का
प वो तो जाते ही ताड़ लेगा फिर आना होगा मुहाल[3] दिल का
1 मा'शूक़ 2 गली 3 कठिन

गुहर[1] ने अश्कों[2] के याँ[3] निकल कर झमक दिखाई जो अपनी हर दम
तो हमने जाना कि मोतियों से भरा है पहलू में थाल दिल का
1 मोती 2 आँसुओं 3 यहाँ

कभी इशारत[1] कभी लगावट कभी तबस्सुम[2] कभी तकल्लुम[3]
ये तर्ज़[4] ठहरें तो हमसे फिर हो भला जी क्योंकर संभाल दिल का
1 इशारा 2 मुस्कुराहट 3 बात चीत 4 अन्दाज़

वो ज़ुल्फ़-ए-पुर-पेच-ओ-ख़म[1] है उसकी फँसा तो निकलेगा फिर न हर्गिज
हमारा कहना है सच अरे जी तू काम उससे न डाल दिल का
1 घुंघराले बाल

मैं लहज़ा-लहज़ा[1] हूँ खींच लाता वो फिर उसी की तरफ़ है जाता
करूँ 'नज़ीर' उसकी फ़िक्र[2] मैं क्या है अब तो मेरे ये हाल दिल का
1 पल-पल 2 चिंता

सुना था शोर क़ातिल[1] की अकड़ का
नज़र आया तो दिल सीने में धड़का
1 मा'शूक़

निगह का तीर वो मारा कि दिल से
न सदमा[1] उठ सका जिसकी रगड़ का
1 गहरा दुख

फ़रो[1] कुछ हो चला था शो'ला-ए-दिल
दिया झपकों ने फिर मिज़्गाँ[2] की भड़का
1 कमज़ोर 2 पलकों

हुई हमको मयस्सर[1] जब शब-ए-वस्ल[2]
रहा जी में सहर[3] होने का धड़का
1 उपलब्ध, प्राप्त 2 मिलन की रात 3 सुब्ह

पलक झपकी थी कुछ उसमें 'नज़ीर' आह
जो आँखें खुल गईं देखा तो तड़का

❁

था अ'ह्द[1] ये दिल उसको ज़िन्हार[2] में न दूँगा
देखा उसे तो भूला 'ज़िन्हार मैं न दूँगा'

1 प्रण 2 कभी नहीं

बोसा[1] जो हमने माँगा दो चार बार उससे
बोला कि तू किया कर तक्रार मैं न दूँगा

1 चुंबन

जब उसने मुझसे पूछा तू दिल परी को देगा
मैंने कहा ये हँस कर ऐ यार मैं न दूँगा

सिल्क-ए-गुहर[1] ने माँगा हार आँसुओं का जिस दम
बोला 'नज़ीर' उससे ज़िन्हार मैं न दूँगा

1 मोतियों की माला

कहा था हमने तुझे तो ऐ दिल कि चाह की मय[1] को तू न पीना
जो इसको पी कर तू ऐसा बहका कि हमको मुश्किल हुआ है जीना
1 शराब

जो आँखें चंचल की देखीं हमने तो नोक-ए-मिज़्गाँ[1] ने दिल को छेदा
निगह ने होश-ओ-ख़िरद[2] को लूटा अदा ने सब्र-ओ-क़रार[3] छीना
1 पलकों की नोक 2 बुद्धि 3 धैर्य और चैन

कहा जो हमने कि आन लगिए हमारे सीने से इस दम ऐ जाँ
तो सुन के उसने हया[1] की ऐसी कि आया मुंह पर वहीं पसीना
1 शर्म

किया है ग़ुस्से में हाथ ला कर मिरा गरेबाँ जो टुकड़े उसने
फटा ही रहना है अब तो बेहतर नहीं मुनासिब[1] कुछ इसको सीना
1 उचित

कहा था आऊँगा दो ही दिन में वले[1] न आया वो शोख़[2] अब तक
गिना जो हम ने 'नज़ीर' दिल में तो उस सुख़न[3] को हुआ महीना
1 लेकिन 2 चंचल / मा'शूक़ 3 बात

❀

पर्दा उठा कर रुख़[1] को अ'याँ[2] उस शोख़[3] ने जिस हंगाम[4] किया
हम तो रहे मश्ग़ूल[5] इधर वाँ इ'श्क़ ने दिल का काम किया

1 चेहरा 2 प्रकट 3 मा'शूक़ 4 समय 5 व्यस्त

आगए जब सय्याद[1] के बस में सोच किए फिर हासिल किया
अब तो उसी की ठहरी मर्ज़ी जिनने असीर-ए-दाम[2] किया

1 शिकारी 2 जाल में फाँसना, क़ैद करना

चश्म[1] ने छीना पलकों ने छेदा ज़ुल्फ़[2] ने बाँधा दिल को आह
अब्रू[3] ने ऐसी तेग़[4] जड़ी जो क़िस्सा है सब इत्माम[5] किया

1 आँख 2 बाल 3 भौं 4 तल्वार 5 समाप्त

सख़्त ख़जिल[1] हैं और शर्मिन्दा रह रह कर पछताते हैं
ख़्वाब में इससे रात लड़े हम क्या ही ख़याल-ए-ख़ाम[2] किया

1 शर्मिन्दा 2 भ्रम, झूठी सोच

छोड़ दिया जब हमने ग़नीम[1] के कूचे[2] में आने जाने को
फिर तो उधर उस शोख़[3] ने हमसे शिकवा[4] भरा पैग़ाम किया

1 दुश्मन 2 गली 3 मा'शूक़ 4 शिकायत

और इधर से चाहत भी यूँ हँस कर बोली वाह जी वाह
उठिए चलिए यार से मिलये अब तो बहुत आराम किया

यार की मय-गूँ-चश्म[1] ने अपनी एक निगह से हमको 'नज़ीर'
मस्त किया औबाश[2] बनाया रिन्द[3] किया बदनाम किया

1 नशीली आँख 2 बदचलन 3 शराब पीने वाला

❀

कल उसके चेहरे को हमने जो आफ़ताब[1] लिखा
तो उसने पढ़ के वो नामा[2] बहुत इ'ताब[3] लिखा

1 सूरज 2 पत्र 3 प्रकोप

जबीं[1] को मह[2] जो लिखा तो कहा हो चीं-ब-जबीं[3]
ये कैसी उसकी समझ थी जो माहताब[4] लिखा

1 माथा 2 चाँद 3 त्योरियाँ चढ़ा कर 4 चाँद

चमकते दाँतों को गौहर[1] लिखा तो हँस के कहा
सितारे उड़ गए थे जो दुर-ए-ख़ुश-आब[2] लिखा

1 मोती 2 चमकदार मोती

जिगर कबाब लिखा अपना तो कहा जल कर
भला जी क्या मैं शराबी था जो कबाब लिखा

हिसाब-ए-शौक़ का दफ़्तर[1] लिखा तो झुंझला कर
कहा मैं क्या मुतसद्दी[2] था जो हिसाब लिखा

1 लेखा-जोखा 2 हिसाब लिखने वाला, मुन्शी

जो बे-हिसाब लिखा इश्तियाक़-ए-दिल[1] तो कहा
वो किस हिसाब में है ये भी बे-हिसाब लिखा

1 दिल की चाहत

हुए जो रद्द-ओ-बदल[1] ऐसे कितने बार 'नज़ीर'
तो उसने ख़त का हमारे न फिर जवाब लिखा

1 परिवर्तन

❋

झमक दिखाते ही उस दिल-रुबा ने लूट लिया
हमें तो पहले ही उसकी अदा ने लूट लिया

निगह के ठग की लगावट ने फ़न[1] से कर ग़ाफ़िल[2]
हँसी ने डाल दी फाँसी दुआ' ने लूट लिया
1 कला, छल 2 भूला हुआ

वफ़ा जफ़ा[1] ने ये की जंग-ए-ज़र-गरी[2] हमसे
वफ़ा ने बातों लगाया जफ़ा ने लूट लिया
1 अत्याचार 2 बनावटी लड़ाई

लुटे हम उसकी गली में तो यूँ पुकारे लोग
कि इक फ़क़ीर को इक बादशा[1] ने लूट लिया
1 बादशाह

अभी कहें तो किसी को न ए'तिबार[1] आवे
कि हमको राह में इक आश्ना[2] ने लूट लिया
1 विश्वास 2 दोस्त, मा'शूक़

हज़ारों क़ाफ़िले जिस शोख़[1] ने किए ग़ारत[2]
'नज़ीर' को भी उसी बेवफ़ा ने लूट लिया
1 चंचल मा'शूक़ 2 बर्बाद

साक़ी[1] बहार आई और जोश है गुलों का
ला जाम[2] भर के सुन लें टुक शोर बुलबुलों का
1 शराब पिलाने वाला 2 शराब

कल तो 'नज़ीर' क्या क्या सैरें हुईं चमन में
मुद्दत के बीच निकला अरमान दिलजलों का

इस में वो शोख़ गुलरू[1] मुंह पास मेरे ला कर
बोला कि ले ले बोसा[2] इन हुस्न के गुलों का
1 फूल चेहरा मा'शूक़ 2 चुंबन

मुंह देख देख उसका मैंने कहा कि प्यारी
समझा हूँ मैं तुम्हारे अन्दाज़ चोंचलों का

रुख़्सार[1] का तो बोसा ज़िन्हार[2] मैं न लूँगा
उसका अदब[3] न रखना है फ़ह्म[4] जाहिलों का
1 गाल 2 कभी नहीं 3 आदर 4 समझ

ऐसा ही गर है देना तो दीजिए लबों[1] से
बोसा लबों का लेना है काम कामिलों[2] का
1 होंठों 2 सिद्ध लोग

जब तो वो शोख़[1] हँस कर बोला ये वो मसल[2] है
या'नी कि गुड़ तो खावें पर्हेज़[3] गुलगुलों का
1 मा'शूक़ 2 कहावत 3 किसी काम से बचना

❀

गिला[1] लिखूँ मैं अगर तेरे ग़म के चहलों[2] का
तो हो निबाह न पिछलों का और न पहलों का
1 शिकायत 2 कीचड़

सुने से नाम मोहब्बत का थरथराते हैं
ये कुछ तो हाल है तेरे सितम[1] के दहलों[2] का
1 अत्याचार 2 आतंकित

कहा जो यार से इक दिन कि दिल ये चाहे है
तरीक़[1] जैसे है इ'श्रत[2] के अह्ले-गहलों[3] का
1 तरीक़ा, चलन 2 भोग-विलास 3 ख़ुशहाल लोग

मकाँ हो एक सुनहरा धरे हों शीशा-ओ-जाम[1]
बिछा हो फ़र्श भी वाँ[2] बादला[3] रू-पहलों को
1 शराब की सुराही और प्याला 2 वहाँ 3 सफ़ेद चमकदार कपड़ा

ये सुन के उसने कहा ये तो वो मसल[1] है 'नज़ीर'
कि सोएँ झोपड़े में ख़्वाब देखें महलों का
1 कहावत

हो के मह[1] वो तो किसी और का बाला निकला
हमने समझा था जिसे गुल[2] सो वो लाला[3] निकला
1 चाँद 2 फूल 3 लाल फूल

लेने ख़ैरात[1] तिरे चेहरः-ए-पुरनूर[2] से रात
बद्र[3] चाँदी का लिए हाथ में प्याला निकला
1 दान 2 रौशन चेहरा 3 पूरा चाँद

उसके चेहरे प नहीं काकुल-ए-मुश्कीं[1] की नुमूद[2]
ये पिटारे के तईं[3] तोड़ के काला[4] निकला
1 ख़ुश्बूदार बाल 2 प्रकट होना 3 को 4 साँप

था इरादा तिरी फ़र्याद करें हाकिम[1] से
वो भी ऐ शोख़[3] तेरा चाहने वाला निकला
1 अधिकारी, शासक 2 चंचल / मा'शूक़

जी की सब धूम थी जब तन से वो निकला तो 'नज़ीर'
फिर न सीने से उठी आह न नाला[1] निकला
1 फ़र्याद, रूदन

❀

हाथ उसका जब नक़ाब के गोशे[1] तलक गया
गोशा उठा तो नूर[2] का बुक़्आ'[3] झलक गया

1 कोना 2 रौशनी 3 जगह

साक़ी[1] ने भर के जाम[2] दिया हमको इस तरह
जो लब[3] तक आते आते कई जा[4] छलक गया

1 शराब पिलाने वाला 2 शराब का प्याला 3 होंठ 4 जगह

आया नज़र वो हुस्न जो उसका तो दम-ब-दम[1]
घर तक मैं उस झलक से झपकता पलक गया

1 पल-पल

नाला[1] शब-ए-फ़िराक़[2] में निकला तो उसका शोर
ऐसा हुआ कि ता-सर-ए-बाम-ए-फ़लक[3] गया

1 फ़र्याद, रूदन 2 विरह की रात 2 आस्मान की ऊँचाइयों तक

अश्क[1] इस क़दर ढला कि हर इक क़त्रा[2] ऐ 'नज़ीर'
इक पल मिज़ः[3] के पास न ठहरा ढलक गया

1 आँसू 2 बूँद 3 पलक

❁

वो ग़ुन्चः-दहन[1] जिसको इक दम भी मिला होगा
दिल गुल की तरह उसका पहलू में खिला होगा
1 कली जैसे मुंह वाला मा'शूक़

हाथ उसके हिना-बस्ता[1] ऐसे हैं कि देख उनको
सीना कई आ'शिक़ का नाख़ुन से छिला होगा
1 मेंइदी-लगे

कूचे[1] में 'नज़ीर' उसके दिल जा तो पड़ा लेकिन[2]
हर दम का सितम[3] उससे काहे को झिला होगा
1 गली 2 अत्याचार

अब्रू[1] ने किया होगा जिस वक़्त उसे बिस्मिल[2]
वो ज़ो'फ़-ज़दा[3] हर्गिज़[4] तड़पा न हिला होगा
1 भौं 2 ज़ख़्मी 3 कमज़ारी से ग्रस्त 4 किसी भी तरह

पलकें तो झुकी होंगी आँखों प नक़ाहत[1] से
और चश्म[2] के जादू से मुंह भी तो किला[3] होगा
1 कमज़ोरी 2 आँख 3 बन्द होना

❀

सामने उस सफ़-ए-मिज़्गाँ[1] के मैं कल जाऊँगा
छिद तो जाऊँगा पर आगे से न टल जाऊँगा

1 पलकों की फ़ौज

तेग़[1] उस अब्रू[2] की जब मा'र्क़ा-आरा[3] होगी
अपनी जाँ-बाज़ी[4] के गौहर[5] में उगल जाऊँगा

1 तल्वार 2 भौं 3 लड़ाई करना 4 बहादुरी 5 मोती

है कफ़-ए-पा[1] वो मुसफ़्फ़ा[2] कि जिसे ध्यान में ला
पा-ए-नज़्ज़ारा[3] ये कहता है फिसल जाऊँगा

1 पाँव का तलवा 2 साफ़ 3 दृष्य / दर्शन का पाँव

मुझको देते हो अ'बस[1] ख़ानः-ए-ज़न्जीर[2] में जा
जूँ सदा[3] मैं अभी उस घर से निकल जाऊँगा

1 बेकार 2 ज़न्जीर का घर, क़ैद-ख़ाना 3 आवाज़

आपसे[1] चाहूँ तो उठ जाऊँगा उस बज़्म[2] से मैं
और इक 'हूँ' भी करोगे तो मचल जाऊँगा

1 ख़ुद से 2 महफ़िल

गर्चे[1] हों बे-हरकत[2] ज़ो'फ़[3] से जूँ आतिश-ए-संग[4]
पर जो छेड़ा तो शरर[5] साँ[6] मैं उछल जाऊँगा

1 यद्दपि 2 ठहरा होना 3 कमज़ोरी 4 पत्थर की आग 5 चिंगारी

मोम हूँ मैं तो बुताँ[1] मुझको न समझो आहन[2]
टुक भी तुम गर्म हुए तो मैं पिघल जाऊँगा

1 मूर्तियों / मा'शूक़ों 2 लोहा

ग़ुस्सा हो कर तुम अगर लाख तरह बदलो रंग
मैं वो यकरंग[1] नहीं हूँ जो बदल जाऊँगा

1 जो हमेशा एक जैसा रहे

बेकली[1] आज ही वाँ[2] ले गई मुझको 'नज़ीर'
मैंने हर-चन्द[3] ये चाहा था कि कल जाऊँगा

1 बेचैनी 2 वहाँ 3 यद्दपि

बह्र-ए-हस्ती[1] में सोहबत-ए-अहबाब[2]
यूँ है जैसे ब-रु-ए-आब-हबाब[3]

1 ज़िन्दगी का समुंदर 2 दोस्तों का साथ 3 पानी पर बुलबुला

गर्दिश-ए-आस्माँ[1] में हम क्या हैं
पर-ए-काहे[2] मियानः-ए-गर्दाब[3]

1 समय-चक्र 2 तिनका 3 भँवर के बीच

बादा-ए-नाब[1] क्या है ख़ून-ए-जिगर[2]
ज़र्दी-ए-रंग[3] है शब-ए-महताब[4]

1 ख़ालिस शराब 2 दिल का ख़ून 3 पीला रंग 4 चाँदनी रात

उ'म्र कहते हैं जिसको वो क्या है
मिस्ल-ए-तहरीर-ए-मौज-ए-नक़्श-बर-आब[1]

1 पानी पर लहरों की लिखावट की तरह

जिस्म क्या रूह[1] की है जौलाँगाह[1]
रूह क्या इक सवार पा-ब-रकाब[2]

1 दौड़-भाग की जगह 2 घोड़े पर चढ़ने को तय्यार

फ़ुर्सत-ए-उ'म्र[1] क़त्रा-ए-शबनम[2]
वस्ल-ए-महबूब[3] गौहर-ए-नायाब[4]

1 जीने का समय 2 ओस की बूँद 3 मा'शूक़ का मिलन 4 अनमोल रत्न

सब किताबों के खुल गए मा'नी[1]
जब से देखी 'नज़ीर' दिल की किताब

1 अर्थ

तुम्हारे हाथ से कल हम भी रो लिए साहब
जिगर के दाग़ जो धोने थे धो लिए साहब

ग़ुलाम आ'शिक़-ओ-चाकर मुसाहिब[1]-ओ-हमराज़[2]
ग़रज़[3] जो था हमें होना सो हो लिए साहब

1 दरबारी, जी हुज़ूरी करने वाला 2 राज़ जानने वाला, दोस्त 3 मत्लब ये कि

क़रार-ओ-सब्र[1] जो करने थे कर चुके बर्बाद
हवास-ओ-होश जो खोने थे खो लिए साहब

1 चैन और धैर्य

हमारे वज़्न-ए-मोहब्बत में कुछ हो फ़र्क़[1] तो अब
फिर इम्तिहाँ[2] की तराज़ू में तोलिए साहब

1 अंतर 2 परीक्षा

कुछ इन्तिहा-ए-बुका[1] हो तो और भी यक-चंद[2]
सरिश्क-ए-चश्म[3] से मोती को रोलिए साहब

1 बहुत सा रोना 2 ज़रा देर 3 आँख का आँसू

कल उस सनम[1] ने कहा देख कर हमें ख़ामोश[2]
कि अब तो आप भी टुक लब[3] को खोलिए साहब

1 मा'शूक़ 2 चुप 3 होंठ

ये सुन के मैंने 'नज़ीर' उससे यूँ कहा हँस कर
जो कोई बोले तो अलबत्ता[1] बोलिए साहब

1 बेशक, अवश्य

❁

दिया जो साक़ी[1] ने साग़र-ए-मय[2] दिखा के आन इक हमें लबालब[3]
अगरचे मय-कश[4] तो हम नए थे प लब[5] प रखते ही पी गए सब

1 शराब पिलाने वाला 2 शराब का प्याला 3 पूरा भरा हुआ 4 शराब पीने वाले 5 होंठ

न दे हमें कोई आ के धोका कि है तसव्वुर[1] में वो तो बैठा
कब उसका ये क़द कब उसका ये तन कब उसका ये रुख़[2] कब उसका ये लब

1 कल्पना 2 चेहरा

चले हैं देने को हम जिसे दिल वो हँस के ले ले बस अब हनें तो
यही है ख़्वाहिश[1] यही तमन्ना[2] यही है मक़्सद यही है मत्लब

1,2 इच्छा

कभी जो आते हैं देखने हम तो आप त्योरी को हैं चढ़ाते
जो हर-दम आवें तो कीजे ख़फ़गी[1] मियाँ हम आते हैं ऐसे कब कब

1 नाराज़ होना

न पी थी हम ने ये मय तो जब तक 'नज़ीर' हम में था दीन-ओ-ईमाँ[1]
लगा लबों से वो जाम फिर तो कहाँ का दीन और कहाँ का मज़्हब

1 धर्म-ईमान

मैं हूँ और मह-रू[1] है और साक़ी[2] है और बज़्म[3]-ए-शराब
पर ख़ुदा जाने ये बेदारी[4] है ऐ दिल या कि ख़्वाब

1चाँद-चेहरा मा'शूक़ 2 शराब पिलाने वाला 3 महफ़िल 4 जागना

जोश-ए-इ'शरत[1] दौर-ए-साग़र[2] रक़्स-ए-ख़ूबाँ[3] सह्न-ए-बाग़[4]
पर ख़ुदा जाने ये बेदारी है ऐ दिल या कि ख़्वाब

1 ख़ुशी की धूम 2 शराब के प्याले का घूमना 3 सुंदरियों का नृत्य 4 बाग़ का प्राँगड़

क़स्र[1]-ए-रंगीं फ़र्श-ए-ज़र्री[2] वक़्त-ए-ख़ल्वत[3] जा-ए-ऐ'श[4]
पर ख़ुदा जाने ये बेदारी है ऐ दिल या कि ख़्वाब

1 महल 2 सोने का बना फ़र्श 3 एकांत 4 भोग-विलास की जगह

बोसा-बाज़ी[1] हम-किनारी[2] बे-हिजाबी[3] सर-ख़ुशी[4]
पर ख़ुदा जाने ये बेदारी है ऐ दिल या कि ख़्वाब

1 चुंबन लेना 2 आलिंगन में होना 3 बे-पर्दा होना 4 आनंद

इ'श्क़-बाज़ी[1] ऐ'श-साज़ी[2] शह-ख़याली[3] बे-ग़मी[4]
पर ख़ुदा जाने ये बेदारी है ऐ दिल या कि ख़्वाब

1 प्रेम-क्रीड़ा 2 भोग-विलास करना 3 ख़ुद को बादशाह समझना 4 दुखों से दूरी

दिल-कुशाई[1] बादा-नोशी[2] ज़ौक़-ए-मस्ती[3] ख़ुर्रमी[4]
पर ख़ुदा जाने ये बेदारी है ऐ दिल या कि ख़्वाब

1 दिल का ख़ुश होना 2 शराब पीना 3 मस्ती में रहना 4 आनंद

इस तरह की इ'श्रतों[1] में अब तो बैठा है 'नज़ीर'
पर ख़ुदा जाने ये बेदारी है ऐ दिल या कि ख़्वाब

1 भोग-विलास

❁

किसके लिए कीजिए जामः-ए-दीबा[1] तलब[2]
दिल तो करे है मुदाम[3] दामन-ए-सहरा[4] तलब
1 क़ीमती कपड़े का लिबास 2 माँगना 3 हमेशा, सदैव 4 वीराने का फैलाव

काम-रवा[1] हों भला उससे हम अब किस तरह
उसको तमन्ना[2] नहीं हम हैं तमन्ना-तलब[3]
1 काम निकालने वाला 2 इच्छा 3 कामना करने वाला

किससे कहें क्या करें है ये तमाशे की बात
वो तो है पर्दा-नशीं[1] हम हैं तमाशा-तलब[2]
1 पर्दे में रहने वाली / वाला 2 दर्शन चाहने वाला

कहिए तो किस किस को अब ग़ौर करे वो तबीब[1]
जिसके तलबगार[2] हों लाख मुदावा-तलब[3]
1 चिकित्सक 2 इच्छुक 3 इ'लाज कराने वाला

एक तमन्ना[1] हो तो यार से कहिए 'नज़ीर'
दिल है पुर-अज़-आरज़ू[2] कीजिए क्या क्या तलब
1 कामना 2 कामनाओं से भरा

❋

कुछ और तो नहीं हमें इसका अ'जब[1] है अब
या'नी वो शोख़[2] हमसे ख़फ़ा बे-सबब[3] है अब

1 आश्चर्य 2 चंचल मा'शूक़ 3 अकारण

आह-ओ-फ़ुग़ान[1]-ओ-गिर्यः[2]-ओ-अंदोह[3]-ओ-दर्द-ओ-दाग़
जो जिन्स-ए-इ'श्क़[4] है वो मिरे पास सब है अब

1,2 रूदन 3 दुख 4 इ'श्क़ का सामान

देखे से जिसके ग़ुन्चः-सिफ़त[1] गुल[2] हो रश्क[3] है
ऐसा तो इस जनम में वही ग़ुन्चः-लब[4] है अब

1 कली की तरह 2 फूल 3 ईर्ष्या 4 कली जैसे होंठ वाला

सुब्ह-ए-फ़लक[1] भी जिसकी तजल्ली[2] से हो ख़जिल[3]
उस रश्क-ए-माहताब[4] से अपनी वो शब[5] है अब

1 आस्मान की सुब्ह 2 रौशनी 3 शर्मिन्दा 4 जिससे सूरज को जलन हो 5 रात

आईना एक दम[1] नहीं रखता है हाथ से
ऐसा वो अपने रुख़[2] का तमाशा-तलब[3] है अब

1 पल 2 चेहरा 3 तमाशा देखने का इच्छुक

उस गुल-बदन[1] के वस्ल[2] से हर दम 'नज़ीर' को
सब से ज़ियादा ख़ल्क़[3] में ऐ'श-ओ-तरब[4] है अब

1 फूल जैसे जिस्म वाला मा'शूक़ 2 मिलन 3 मानव-जाति, लोग 4 ख़ुशी

❁

हुआ जो हमको वो कूचा[1] चमन-सरिश्त[2] नसीब[3]
ख़ुदा ने हमको इसी जा[4] किया बहिश्त[5] नसीब
1 गली 2 बाग़ जैसा 3 प्राप्त 4 जगह 5 स्वर्ग

जुदा जो उससे हुए हम तो अपनी क़िस्मत से
है वो तो ख़ूब पर अपने ही कुछ हैं ज़िश्त[1] नसीब[2]
1 बुरा, खोटा 2 भाग्य

लिखें न हर्फ़-ए-वफ़ा[1] क्या करें कि अव्वल[2] से
हुई क़लम को हमारे यही नविश्त[3] नसीब
1 प्रेम-अक्षर 2 आरंभ से 3 लिखावट

ज़मीन-ए-दिल में गिराया है तुख़्म[1] तो लेकिन
करेंगे देखिए सरसब्ज़[2] कब ये किश्त[3] नसीब
1 बीज 2 हरा-भरा, फलना 3 खेती

ये कम-नसीब हुए हम कि बा'द-ए-मर्ग[1]-ए-'नज़ीर'
हुई मज़ार[2] को अपने न एक ख़िश्त[3] नसीब
1 मरने के बा'द 2 क़ब्र 3 ईंट

❁

बोसा[1] उस दिल से न कर ऐ दिल-ए-अफ़्गार-तलब[2]
न ज़ियादा-तलबी[3] है न हो दुश्वार-तलब[4]

1 चुंबन 2 ज़ख़्म चाहने वाला दिल 3 ज़ियादा माँगना 4 कठिनाई से मिलने वाली चीज़ माँगना

जल्द आ यार कि अब हमको सताते हैं बहुत
गोश-ए-गुफ़्तार-तलब[1] दीदः-ए-दीदार-तलब[2]

1 बातें सुनने के इच्छुक कान 2 दर्शन चाहने वाली आँखें

रब्त[1] उस अ'र्बदा-जू[2] से हमें किस तौर से हो
हम तो हैं सुल्ह-तलब[3] और वो हैं पैकार-तलब[4]

1 संबंध, संपर्क 2 झगड़ालू 3 शांति-प्रिय 4 लड़ाई चाहने वाला

आरज़ू[1] ख़ूब है मौक़े'[2] से अगर हो वर्ना[3]
अपने मक़्सूद[4] को कम पहुँचे हैं बिस्यार-तलब[5]

1 कामना, लालसा 2 उचित समय / जगह 3 नहीं तो 4 उद्देश्य 5 अधिक माँगने वाला

उ'ज़्र[1] आ'सी[2] को नहीं चाहिए कुछ उससे 'नज़ीर'
जिस ख़ता-पोश[3] की रहमत[4] है गुनहगार-तलब[5]

1 हर्ज, टाल-मटोल, बहाना 2 गुनहगार 3 दोषों को छुपाने वाला / ईश्वर 4 कृपा 5 पापियों को चाहने वाला

❀

तुम्हारी आन[1] अ'ज़ीज़[2] और हर एक अदा महबूब[3]
तुम्हीं हो हुस्न में अब सर से ता-ब-पा[4] महबूब

1 छवि, हाव-भाव 2,3 प्रिय 4 पाँव तक

तुम्हीं वो हो कि तुम्हें देखने हम आते हैं
वगर्ना[1] यूँ तो हज़ारों हैं जा-ब-जा[2] महबूब

1 नहीं तो 2 जगह-जगह

कहें जो हम तुम्हें महबूब मत बुरा मानो
भला हम और कहें क्या तुम्हें सिवा[1] महबूब

1 के अतिरिक्त

जो चाहे आपसे महबूब बन सके क्या ज़िक्र[1]
वही बने है कि जिसको ख़ुदा करे महबूब

1 चर्चा

तुम्हारी आज वो महबूबियाँ[1] हैं नाम-ए-ख़ुदा
कि तुमको ढूँढते फिरते हैं दिलरुबा[2] महबूब

1 मन-मोहकताएँ 2 दिल चुराने वाला

कोई कहे है ब-सद[1]-इश्तियाक़-ए-दिल या दोस्त
कोई पुकारे है बेताब हो के या महबूब

1 बहुत अधिक चाहत के साथ 2 बेचैन, व्याकुल

'नज़ीर' भी तुम्हें अब देख के ये कहता है
इलाही[1] ख़ल्क़[2] हो और मैं हूँ और मिरा महबूब

1 ऐ ख़ुदा 2 लोग / ख़ुदा की सृष्टि

ये गिला[1] दिल से तो हर्गिज़[2] नहीं जाना साहब
सब ने जाना हमें पर तुमने न जाना साहब

1 शिकायत 2 कभी भी

इन बयानों[1] से ग़रज़ हमने ये जाना साहब
आपको ख़ून हमारा है बहाना साहब

1 बातों 2 बस कि

छोड़ कर आपके कूचे[1] को फिरूँ सहरा[2] में
सो तो मज्नूँ सा नहीं हूँ मैं दिवाना साहब

1 गली 2 वीराना

याद थे हमको जवानी में तो सौ मक्र-ओ-फ़रेब[1]
इक करिश्मा[2] था तुम्हें दाम[3] में लाना साहब

1 मक्कारी और धोखा 2 चमत्कार 3 जाल

अब जो बूढ़े हैं तो अब भी हमें शैतान 'नज़ीर'
हँस के कहता है अजी आइए नाना साहब

❁

रखता है सदा होंठ को जूँ गुल[1] की कली चुप
वो ग़ुन्चा-दहन[2] आह ये सीखा है भली चुप

1 फूल 2 कली जैसे मुंह वाला मा'शूक़

सोता है तो लेता हूँ मैं यूँ चोरी से बोसा[1]
जूँ मुंह में खिला दे कोई मिस्री की डली चुप

1 चुंबन

मिन्नत[1] से कहा हमने तो तुम आह न बोले
जब ग़ैर ने की गुदगुदी फिर कुछ न चली चुप

1 याचना

सब्ज़ी भी उगी बाग़ में ग़ुन्चे[1] भी खिले आह
पर उस मरी गूँगी के लबों[2] से न टली चुप

1 कलियाँ 2 होंठों

मर जाएँ प शिक्वे[1] की कभी बात न निकले
ये होंठ वो हैं जिन में अज़ल[2] से है पली चुप

1 शिकायत 2 सृष्टि का आरंभ

जिस दम ये ख़बर जा के रक़ीबों को हुई फिर
बस सुनते ही सुन हो गए और साँस न ली चुप

उल्टी ही समझ यार की सुनता है 'नज़ीर' आह
ज़िन्हार[1] न कुछ बोलियो याँ[2] सब से भली चुप

1 ख़बरदार 2 यहाँ

क्या नाम-ए-ख़ुदा अपनी भी रुस्वाई[1] है कम-बख़्त[2]
रुस्वाइ-ए-मज्नूँ भी तमाशाई है कम-बख़्त

1 बदनामी 2 अभागा / अभागी

लड़ने को लड़े उस से पर अब करते हैं अफ़्सोस[1]
अफ़्सोस अ'जब अपनी भी दानाई[2] है कम-बख़्त

1 दुख, पश्चाताप 2 बुद्धिमानी

वो तो नहीं वाक़िफ़[1] प हमीं दिल में ख़जिल[2] हैं
किस मुंह से कहें हम ने क़सम खाई है कम-बख़्त

1 अवगत, परिचित 2 शर्मिन्दा

यारो हमें तक्लीफ़ न दो सैर-ए-चमन[1] की
आने दो बला से जो बहार आई है कम-बख़्त

1 बाग़ की सैर

रहने दो हमें कुन्ज-ए-क़फ़स[1] में कि हमारे
क़िस्मत में यही गोशः-ए-तन्हाई[2] है कम-बख़्त

1 पिंजरा, क़ैदख़ाना 2 एकांतवास

इस जाम-ए-निगूँ[1] से मय-ए-राहत[2] न तलब[3] कर
याँ[4] बादः[5] नहीं बादियः-पैमाई[6] है कम-बख़्त

1 उल्टा प्याला / आस्मान, भाग्य 2 ख़ुशी की शराब 3 माँगना 4 यहाँ 5 शराब 6 वीराने में धूमना

तोड़े हैं बहुत शीशः-ए-दिल[1] जिस ने 'नज़ीर' आह
फिर चर्ख़[2] वही गुम्बद-ए-मीनाई[3] है कम-बख़्त

1 दिल रूपी शराब की सुराही 2 आस्मान 3 नीला गुम्बद / आस्मान

❁

खींच कर इस माह-रू[1] को आज याँ[2] लाई है रात
ये ख़ुदा ने मुद्दतों[3] में हम को दिखलाई है रात
1 चाँद-चेहरा मा'शूक़ 2 यहाँ 3 बहुत दिन

चाँदनी है रात है ख़ल्वत[1] है सहन-ए-बाग़[2] है
जाम भर साक़ी[3] कि ये क़िस्मत से हाथ आई है रात
1 एकांत 2 बाग़ का प्राँगड़ 3 शराब पिलाने वाला

बे-हिजाब[1] और बे-तकल्लुफ़[2] हो के मिलने के लिए
वो तो ठहराते थे दिन पर हम ने ठहराई है रात
1 बे-पर्दा 2 बेरोक

जब मैं कहता हूँ किसी शब[1] को तो काफ़िर[2] याँ भी आ
हँस के कहता है मियाँ हाँ वो भी बनवाई है रात
1 रात 2 काफ़िर बनाने वाला मा'शूक़

क्या मज़ा हो हाथ में ज़ुल्फ़ें[1] हों और यूँ पूछिए
ऐ मिरी जाँ सच कहो तो कितनी अब आई है रात
1 बाल

दौर[1] में हुस्न-ए-बयाँ[2] के हम ने देखा बार-हा[3]
रुख़[4] से घबराया है दिन ज़ुल्फ़ों से घबराई है रात
1 समय 2 बयान की सुंदरता 3 कई बार 4 चेहरा

है शब-ए-वस्ल[1] आज तो दिल भर के सोवेगा 'नज़ीर'
उसने ये कितने दिनों में ऐ'श की पाई है रात
1 मिलन की रात

हम तो हो जाएँ उससे अब गुस्ताख़[1]
होने देगा मगर वो कब गुस्ताख़
1 धृष्ट

एक शब[1] हमने बे-क़रारी[2] से
छू ली जुल्फ़ उसकी होके जब गुस्ताख़
1 रात 2 बेचैनी

ला के अब्रू[1] प चीं[2] कहा उसने
निकले तुम तो कोई अ'जब गुस्ताख़
1 भौं 2 बल, शिकन

हम तो इसकी बहुत सज़ा देंगे
किस लिए तुम हो बे-अदब[1] गुस्ताख़
1 असभ्य

आज तो जुल्फ़ छू ली तुमने 'नज़ीर'
कल यूँ ही चूम लोगे लब[1] गुस्ताख़
1 होंठ

छोटा बड़ा न कम न मंझोला इज़ार-बन्द
है उस परी का सबसे अमोला[1] इज़ार-बन्द

1 अनमोल

हर इक क़दम प शोख़ के ज़ानू[1] के दर्मियान[2]
खाता है किस झलक से झकोला इज़ार-बन्द

1 गोद 2 बीच

गोटा[1] किनारी[2] बादला[3] मुक़यीश[4] के सिवा
थे चार तोले मोती जो तोला इज़ार-बन्द

1,2,3,4 कपड़े को सजाने का सामान

हँसने में हाथ मेरा कहीं लग गया तो वो
लौंडी से बोली जा मिरा धो ला इज़ार-बन्द

और धो नहीं तो फेंक दे नापाक[1] हो गया
वो दूसरा जो है सो पिरो ला इज़ार-बन्द

1 अपवित्र, गन्दा

इक दिन कहा ये मैंने कि ऐ जान आपका
हमने कभो मज़े में न खोला इज़ार-बन्द

सुन कर लगी ये कहने कि ऐ वाछड़े[1] चे-ख़ुश[2]
ऐसा भी क्या मैं रखती हूँ पोला इज़ार-बन्द

1 आज़ाद स्वभाव वाला 2 कैसी ख़ुशी

आ जावे इस तरह से जो अब हर किसी के हाथ
वैसा तो कुछ नहीं मिरा भोला इज़ार-बन्द

इक रात मेरे साथ वो अ'य्यार[1] मक्र-बाज़[2]
लेटी छुपा के अपना ममोला[3] इज़ार-बन्द

1 मक्कार 2 धोखेबाज़ 3 एक परिन्दा जिसके पेट पर काली धारियाँ होती हैं

जब सो गई तो मैंने भी दहशत[1] से उसकी आ
पहले तो चुपके चुपके टटोला इज़ार-बन्द

1 डर, आतंक

आख़िर बड़ी तलाश से उस शोख़ का 'नज़ीर'
जब आधी रात गुज़री तो खोला इज़ार-बन्द

❁

धुवाँ कलेजे से मेरे निकला जला जो दिल बस कि रश्क[1] खा कर
वो रश्क ये था कि ग़ैर[2] से टुक हँसा था चंचल[3] मिसी[4] लगा कर
1 ईर्ष्या 2 रक़ीब 3 मा'शूक़ 4 दाँतों पर लगाया जाने वाला रंग

फ़क़त[1] जो चितवन प ग़ौर[2] कीजिए तो वो भी वो सेह्र[3] है कि जिसका
करिश्मा[4] बन्दा ग़ुलाम ग़म्ज़ा[5] दग़ाएँ[6] नौकर फ़रेब[7] चाकर
1 केवल 2 ध्यान देना 3 जादू 4 चमत्कार 5 अदा 6,7 धोखा

ख़िराम[1] की है वो तर्ज़[2] यारो कि जिसमें निकलीं कई अदाएँ
क़दम[3] जो रखना तो तन के रखना जो फिर उठाना तो डगमगा कर
1 चलना 2 अन्दाज़ 3 पाँव

लटक में बुन्दों की दिल जो आवे तो ख़ैर बन्दे ही उसको ले लें
वगर्ना आवे तो फिर न छोड़े इधर से बाला झमक दिखा कर

मजाल[1] किया है जो दू-ब-दू[2] हो नज़र से कोई नज़र लड़ावे
मगर किसी ने जो उसको देखा तो सौ ख़राबी से छुप छुपा कर
1 शक्ति, साहत 2 आमने-सामने

सुने किसी के न दर्द-ए-दिल को व गर सुने तो झिड़क के उसको
ये साफ़ कह दे तू क्या बला है जो सर फिराता है नाहक़[1] आ कर
1 बे-फ़ायदा

'नज़ीर' वो बुत है दुश्मन-ए-जाँ न मिलयो उससे तू देख हर्गिज़[1]
व गर मिला तो ख़ुदा है हाफ़िज़[2] बचे हैं हम भी ख़ुदा-ख़ुदा कर
1 कभी नहीं 2 रक्षक

❀

ऐ मिरी जान हमेशा हो तिरी जान की ख़ैर[1]
नाज़ की दूर बला हुस्न के सामान की ख़ैर
1 भला होना, कुशल-मंगल

रात दिन शाम सहर पहर घड़ी पल साअ'त[1]
माँगते जानी है हम को तिरी आन आन[2] की ख़ैर
1 पल 2 अदा, छवि

पान खाया है तो इस वक़्त भी लाज़िम[1] है यही
एक बोसा[2] हमें दीजे लब-ओ-दन्दान[3] की ख़ैर
1 ज़रूरी 2 चुंबन 3 होंठ और दाँत

आँख उठा देखिए और देख के हँस भी दीजे
अपने काजल की ज़कात[1] और मिसी[2]-ओ-पान की ख़ैर
1 दान 2 दाँतों पर लगाया जाने वाला रंग

पहले जिस आन तुम्हारी ने लिया दिल हमसे
अब तलक माँगते हैं दिल से हम उस आन की ख़ैर

क्या ग़ज़ब निकले है बन-ठन के वो काफ़िर[1] यारो
आज होती नज़र आती नहीं ईमान की ख़ैर
1 काफ़िर बनाने वाला मा'शूक़

जितने महबूब परी-ज़ाद[1] हैं दुनिया में 'नज़ीर'
सब के अल्लाह करे हुस्न की और जान की ख़ैर
1 परियाँ

❃

हम ऐसे कब थे कि ख़ुद-बदौलत[1] यहाँ भी करते क़दम नवाज़िश[2]
मगर ये इक इक क़दम पर ऐ जाँ[3] फ़क़त[4] इ'नायत[5] करम[6] नवाज़िश

1 बादशाह या राजा के लिए बोला जाने वाला शब्द / मा'शूक़ 2,5,6 कृपा 3 मा'शूक़ 4 केवल

कहाँ ये घर और कहाँ ये दौलत जो आप आते इधर को ऐ जाँ
जो आन निकले हो बन्दा-पर्वर[1] तो कीजे अब कोई दम नवाज़िश

1 भक्त-वत्सल

लगा के ठोकर हमारे सर पर बला तुम्हारी करे तअस्सुफ़[1]
कि हम तो समझे हैं इसको दिल से तुम्हारे सर की क़सम नवाज़िश

1 पश्चाताप, दुख

जवाब माँगा जो नामा-बर[1] से तो उसने खा कर क़सम कहा यूँ
ज़बाँ क़लम[2] हो जो झूठ बोले कि वाँ नहीं यक-क़लम[3] नवाज़िश

1 संदेश-वाहक 2 कटना 3 बिल्कुल

उठावें नाज़[1] उनके हम न क्यों कर 'नज़ीर' दिल से कि जिनके होवें
जफ़ा[2] तलत्तुफ़[3] इ'ताब[4] शफ़क़त[5] ग़ज़ब[6] तवज्जो[7] सितम[8] नवाज़िश

1 अदा, नखरा 2,8 अत्याचार 3,5 कृपा 4,6 प्रकोप 7 ध्यान देना

❀

सुनिए ऐ जाँ कभी असीर[1] की अ'र्ज़[2]
अपने कूचे[3] के जा-पज़ीर[4] की अ'र्ज़
1 क़ैदी 2 प्रार्थना 3 गली 4 रहने वाला

छिद गया दिल ज़बाँ तलक आते
हम ने जब की निगह के तीर की अ'र्ज़

इस घड़ी खिलखिला के हँस दीजे
है यही अब तो कुहना[1]-पीर[2] की अ'र्ज़
1 पुराना 2 बूढ़ा / संत

जब तो उस गुल-बदन[1] शकर-लब[2] ने
यूँ कहा सुन के इस हक़ीर[3] की अ'र्ज़
1 फूल-बदन / मा'शूक़ 2 मीठे होंठों वाला / मा'शूक़ 3 तुच्छ व्यक्ति

अब तलक धुन है हुस्न-ए-दन्दाँ[1] की
देख इस पोपले 'नज़ीर' की अ'र्ज़
1 दाँतों की सुंदरता

महफ़िल में हम थे इस तरफ़ वो शोख़ चंचल[1] उस तरफ़
थी सादा-लौही[2] इस तरफ़ मक्र-ओ-फ़ुसूँ[3] छल उस तरफ़
1मा'शूक़ 2 भोलापन, निश्कपटता 3 धोखा और जादू

बैठे हम अपने ध्यान में बैठा वो अपनी आन[1] में
फ़िक्र-ए-नज़ारा[2] इस तरफ़ मुखड़े पर आँचल उस तरफ़
1 अभिमान 2 दर्शन की लालसा / चिंता

क्या क्या दिखाती है अलम[1] क्या क्या रखे है पेच-ओ-ख़म[2]
आहों की शोरिश[3] इस तरफ़ ज़ुल्फ़-ए-मुसल्सल[4] उस तरफ़
1 दुख 2 मोड़ 3 उपद्रव 4 घुंघराले बाल

हम दे के दिल हैं रन्ज-कश[1] वो ले के दिल है जी में ख़ुश
बेताबि-ए-जाँ[2] इस तरफ़ राहत[3] ख़ुशी कल[4] उस तरफ़
1 दुख उठाना 2 दिल की बेचैनी 3 आराम 4 चैन

आज उस से मिलने को 'नज़ीर' अहवाल[1] है दिल का अ'जब
हम खींचते हैं इस तरफ़ कहता है वो चल उस तरफ़
1 हाल, हालत

❁

साक़ी ये पिला उसको जो हो जाम[1] से वाक़िफ़[2]
हम आज तलक मय[3] के नहीं नाम से वाक़िफ़

1 शराब का प्याला 2 अवगत, परिचित 3 शराब

मस्ती के सिवा[1] दौर[2] में उस चश्म-ए-सियह[3] के
काफ़िर हो जो हो गर्दिश-ए-अय्याम[4] से वाक़िफ़

1 अतिरिक्त 2 चलना, घूमना, समय 3 काली आँख 4 समय-चक्र

मर कर भी तह-ए-ख़ाक[1] न आसूदा[2] हुए आह
ऐ इ'श्क़ न थे हम तिरे अन्जाम[3] से वाक़िफ़

1 मिट्टी के नीचे 2 आराम से, संतुष्ट 3 अंत

सय्याद[1] की उल्फ़त[2] से फँसे आन के वर्ना[3]
थे काहे को हम इस क़फ़स-ओ-दाम[4] से वाक़िफ़

1 शिकारी / मा'शूक़ 2 प्रेम 3 नहीं तो 4 पिंजरा और जाल

मिलने का पयाम[1] उससे कहो जा के अ'ज़ीज़ो[2]
जो उसके न हो वस्ल[3] के पैग़ाम[4] से वाक़िफ़

1,4 संदेश 2 दोस्तो 3 मिलन

औरों से क़सम खाइए और हम तो मिरी जाँ
हैं ख़ूब तुम्हारी क़सम-अक़्साम[1] से वाक़िफ़

1 क़समें

कोई नहीं करता जो किया तू ने 'नज़ीर' आह
दिल उसको दिया जिसके नहीं नाम से वाक़िफ़

❀

तेरे भी मुंह की रौशनी रात गई थी मह[1] से मिल
ताब[2] से ताब रुख़[3] से रुख़ नूर से नूर ज़िल[4] से ज़िल

1 चाँद 2 चमक-दमक 3 चेहरा 4 छाया

यूसुफ़-ए-मिस्र[1] से मगर मिलते हैं सब तिरे निशाँ[2]
ज़ुल्फ़ से ज़ुल्फ़ लब[3] से लब चश्म[4] से चश्म तिल से तिल

1 एक पैग़म्बर जो मिस्र के थे 2 निशान 3 होंठ 4 आँख

जितने हैं कुश्तगान-ए-इ'श्क़[1] उनके अज़ल[2] से हैं मिले
अश्क[3] से अश्क नम से नम ख़ून से ख़ून गिल[4] से गिल

1 इ'श्क़ में मारे गए लोग 2 आदि-काल 3 आँसू 4 मिट्टी

जब से मुआ[1] है कोहकन[2] करते हैं उसका ग़म सदा
कोह[3] से कोह जू[4] से जू संग[5] से संग सिल[6] से सिल

1 मरा 2 प्रेम कहानी का नायक जिसने पहाड़ काटा था 3 पहाड़ 4 नदी 5,6 पत्थर

यार मिला जब ऐ 'नज़ीर' मेरे गले तो मिल गए
जिस्म से जिस्म जाँ से जाँ रूह से रूह दिल से दिल

❁

जो दिल को दीजे तो दिल में ख़ुश हो करे है किस किस तरह से हलचल
अगर न दीजे तो वोहीं क्या क्या जतावे ख़फ़गी[1] इ'ताब[2] अकड़ बल
1 रूठना 2 प्रकोप

अगर ये कहिए कि हम हैं बे-कल[1] ज़रा गले मिल तो हँस के ज़ालिम[2]
दिखावे हैकल[3] उठा के या'नी बला से मेरी मुझे तो है कल
1 बेचैन 2 अत्याचारी 3 सज-धज

जो इस बहाने से हाथ पकड़ें कि देख दिल की धड़क हमारे
तो हाथ झप से छुड़ा ले कह कर मुझे नहीं है कुछ इसकी अटकल

जो छुप के देखें तो ताड़ जावे व-गर[1] सरीहन[2] तो देखो फुर्ती
कि आते आते निगाह रुख़[3] तक छुपा ले मुंह को उलट के आँचल
1 अगर 2 सामने से 3 चेहरा

करे जो वा'दा तो इस तरह का कि दिल को सुनते ही हो तसल्ली[1]
जो सोचिए फिर तो कैसा वा'दा फ़क़त[2] बहाना फ़रेब[3] और छल
1 सांत्वना 2 केवल 3 धोखा

जो दिल को बोसे[1] के बदले दीजे तो हँस के ले ले बहुत ख़ुशी से
जो बोसा माँगूँ तो फिर ये नक़्शा कभी तो आज और भी कहे कल
1 चुंबन

न जुल में आवे न भिड़ के निकले न पास बैठे 'नज़ीर' इक दम
बड़ा ही पुरफ़न[1] बड़ा ही स्याना बड़ा ही शोख़ और बड़ा ही चंचल
1 धूर्त, मक्कार

हर आन तुम्हारे छुपने से ऐसा ही अगर दुख पाएँगे हम
तो हार के इक दिन इस की भी तदबीर[1] कोई ठहराएँगे हम

1 उपाय

बेज़ार करेंगे ख़ातिर[1] को पहले तो तुम्हारी चाहत से
फिर दिल को भी कुछ मिन्नत[2] से कुछ हैबत[3] से समझाएँगे हम

1 दिल 2 याचना 3 डर

गर कहना दिल ने मान लिया और रुक बैठा तो बेहतर है
और चैन न लेने देवेगा तो भेस बदल कर आएँगे हम

अव्वल[1] तो नहीं पहचानोगे और लोगे भी पहचान तो फिर
हर तौर से छुप कर देखेंगे और दिल को ख़ुश कर जाएँगे हम

1 पहले

गर छुपना भी खुल जावेगा तो मिल कर अफ़्सूँ-साज़ों[1] से
कुछ और ही लटका सेहर-भरा[2] उस वक़्त बहम[3] पहुँचाएँगे हम

1 जादूगरों 2 जादूभरा 3 उपलब्ध कराना

जब वो भी पेश[1] न जावेगा और शोहरत[2] होवेगी फिर तो
जिस सूरत से बन आवेगा तस्वीर खिंचा मंगवाएँगे हम

1 कामयाब होना 2 प्रसिद्धि

मौक़ूफ़[1] करोगे छुपने को तो बेहतर वर्ना 'नज़ीर'-आसा[2]
जो हर्फ़[3] ज़बाँ पर लाएँगे फिर वो ही कर दिखलाएँगे हम

1 रोकना 2 'नज़ीर' जैसा 3 अक्षर/बात

नहीं याँ बैठते जो एक दम तुम
तो क्या डरते हो हमसे ऐ सनम[1] तुम

1 मूर्ति / मा'शूक़

हँसो बोलो मिलो बैठो भला जी
नहीं क्या आ'शिक़-ओ-मा'शूक़ हम तुम

जो याँ[1] आया कभी चाहो तो बे-ख़ौफ़[2]
इधर लाया करो अपना क़दम तुम

1 यहाँ 2 निर्भय

निहायत[1] सादा-दिल हैं हम तो ऐ जाँ
न समझो हम में हर्गिज़ पेच-ओ-ख़म[2] तुम

1 अत्यंत 2 घुमाव-फिराव

सुना जब ये 'नज़ीर' उसने तो हँस कर
कहा ये तो हमें देते हो दम तुम

तदबीर[1] हमारे मिलने की जिस वक़्त कोई ठहराओगे तुम
हम और छुपेंगे याँ तक जी जो ख़ूब ही फिर घबराओगे तुम

1 उपाय, प्रयत्न

बेज़ार[1] करोगे दिल हमसे या मिन्नत-ए-दर[2] से रोकोगे
वो दिल तो हमारे बस में है किस तौर उसे समझाओगे तुम

1 नाराज़, ऊबना 2 दरवाज़े पर माँगना

गर छुप कर देखने आओगे हम अपने बाला-ख़ाने[1] के
सब पर्दे छोड़े रक्खेंगे फिर क्योंकर देखने पाओगे तुम

1 छत

गर जादू-मंतर सीखोगे तो सेह्र[1] हमारी नज़रों का
तासीर[2] को उसकी खो देगा कुछ पेश[3] नहीं ले जाओगे तुम

1 जादू 2 प्रभाव 3 कामयाब होना

तस्वीर अगर मंगवाओगे तो देख हमारी सूरत को
हैरान मुसव्विर[1] होवेगा फिर रंग कहो क्या लाओगे तुम

1 चित्रकार

जो वक़्त 'नज़ीर' इन बातों की हम ख़ूब करेंगे हुश्यारी
जो हर्फ़[1] ज़बाँ पर लाओगे तुम फिर क्योंकर कर दिखलाओगे तुम

1 अक्षर/बात

दूर से आए थे साक़ी[1] सुन के मय-ख़ाने[2] को हम
बस तरसते ही चले अफ़्सोस पैमाने[3] को हम

1 शराब पिलाने वाला / मा'शूक़ 2 शराब ख़ाना 3 शराब का प्याला

मय[1] भी है मीना[2] भी है साग़र[3] भी है साक़ी नहीं
दिल में आता है लगा दें आग मय-ख़ाने को हम

1 शराब 2 शराब की सुराही 3 प्याला

क्यों नहीं लेता हमारी तू ख़बर ऐ बे-ख़बर
क्या तिरे आ'शिक़ हुए थे दर्द-ओ-ग़म खाने को हम

हमको फँसना था क़फ़स[1] में क्या गिला[2] सय्याद[3] का
बस तरसते ही रहे हैं आब[4] और दाने को हम

1 पिंजरा 2 शिकायत 3 शिकारी 4 पानी

ताक़-ए-अब्रू[1] में सनम[2] के क्या ख़ुदाई रह गई
अब तो पूजेंगे उसी काफ़िर के बुत-ख़ाने को हम

1 भौं की महराब 2 मूर्ति / मा'शूक़

बाग़ में लगता नहीं सहरा[1] से घबराता है दिल
अब कहाँ ले जा के बैठें ऐसे दीवाने को हम

1 वीराना

क्या हुई तक़्सीर[1] हमसे तू बता दे ऐ 'नज़ीर'
ताकि शादी-मर्ग[2] समझें ऐसे मर जाने को हम

1 अपराध, भूल 2 ख़ुशी से मर जाना

❁

कर के नैरंग[1] फ़कत[2] दिल ही न ले जाओगे तुम
ऐसे ऐसे तो बहुत रंग अभी लाओगे तुम
1 जादू 2 केवल

ले चला दिल को वो जब हमने ये पूछा क्यों जी
फिर भी आओगे तो हँस कर कहा अब आओगे तुम

रूठ कर उससे चले हम तो कहा यूँ उसने
अब तो इस तैश[1] में अलबत्ता[2] चले जाओगे तुम
1 ग़ुस्सा 2 अवश्य

बेकली[1] बा'द घड़ी भर के सतावेगी जब
हार कर फिर इधर आने ही की ठहराओगे तुम
1 बेचैनी

पस[1] ये बेहतर है कि मत रूठ के जाओ वर्ना[2]
फिर जो आओगे तो याँ आने नहीं पाओगे तुम
1 तो फिर 2 नहीं तो

एक तो हम तुम्हें याँ आने न देवेंगे 'नज़ीर'
और सिवा[1] इसके जहाँ जाओगे पछताओगे तुम
1 अतिरिक्त

❀

कभू देखूँ न सुंबुल[1]-ए-बाग़ को मैं मुझे उस ख़म-ए-ज़ुल्फ़-ए-दोता[2] की क़सम
न निगह करूँ आ'रिज़-ए-गुल[3] की तरफ़ मुझे उस रुख़-ए-मेह्र-ओ-वफ़ा[4] की क़सम

1 एक ख़ुश्बूदार घास की बाली 2 दो लटों वाले बालों के मोड़ 3 फूल का चेहरा 4 मोहब्बत का रूप

यूँ फिरे है चमन की फ़ज़ा[1] में सबा[2] वो हज़ार तरह से हो नाफ़ा-कुशा[3]
मिरे दिल को न हो कभी उसकी हवा मुझे कू-ए-सनम[4] की हवा की क़सम

1 माहौल 2 अच्छी हवा 3 ख़ुश्बू बिखेरना 4 मा'शूक़ की गली

जूँ ही आया इधर को वो चश्म-ए-सियह[1] वहीं ले गया दिल को ब-सैर-ए-निगह[2]
रही अ'क़्ल-ओ-ख़िरद[3] को न जी में जगह मुझे उस बुत-ए-होशरुबा[4] की क़सम

1 काली आँख वाला मा'शूक़ 2 आँखों को दौड़ाना 3 बुद्धि 4 होश उड़ाने वाला मा'शूक़

बदन उसका है रूकश-ए-बर्ग-ए-समन[1] मिरे बर[2] में जो आवे वो रश्क-ए-चमन[3]
खिले ग़ुन्चा-ए-दिल[4] मिरा गुल के नमत मुझे उस खुले बन्द-ए-क़बा[5] की क़सम

1 फूल की पत्ती का प्रतिद्वंद्वी 2 आलिंगन 3 बाग़ का प्रतिद्वंद्वी 4 दिल की कली 5 लिबास के खुले बंधन

तिरे इ'श्क़ ने दिल मे जो दर्द दिया तो कुछ उससे मज़ा मैं ऐसा लिया
न करूँ न करूँ न करूँ मैं दवा मैंने खाई है अब तो दवा की क़सम

लगी मेंहदी जो हाथों में उसके मियाँ तो वो सुर्ख़ी कुछ ऐसी है लाला-निशाँ[1]
वो शफ़क़[2] जो कि सुब्ह को होवे अ'याँ[3] सो वो खाती है उसकी हिना[4] की क़सम

1 लाल फूलों की तरह 2 आस्मान की लाली 3 प्रकट 4 मेंहदी

मैंने देखा 'नज़ीर' जो उसके तईं[1] तो था शर्म-ओ-हया से वो सर्व[2] क़रीं[3]
लिया नीची निगाहों से जाँ दिल-ओ-दीं[4] मैं कहूँ क्या अब उसकी हया[5] की क़सम

1 को 2 लम्बा पेड़ / मा'शूक़ की उपमा 3 पास 4 धर्म 5 शर्म

न मैं दिल को अब हर मकाँ बेचता हूँ
कोई ख़ूब-रू[1] ले तो हाँ बेचता हूँ

1 सुंदर मा'शूक़

वो मय[1] जिसको सब बेचते हैं छुपा कर
मैं उस मय को यारो अ'याँ[2] बेचता हूँ

1 शराब 2 प्रकट

ये दिल जिसको कहते हैं अ'र्श-ए-इलाही[1]
सो उस दिल को यारो मैं याँ बेचता हूँ

1 ख़ुदा का आस्मान

ज़मीं आस्माँ अ'र्श[1]-ओ-कुर्सी[2] भी क्या है
कोई ले तो मैं ला-मकाँ[3] बेचता हूँ

1 सबसे ऊँचा आस्मान 2 ख़ुदा की ऊँची जगह 3 शून्य जहाँ ख़ुदा रहता है

जिसे मोल लेना हो ले ले ख़ुशी से
मैं इस वक़्त दोनों जहाँ[1] बेचता हूँ

1 लोक

बिकी जिन्स[1] ख़ाली दुकाँ रह गई है
सो अब इस दुकाँ को भी हाँ बेचता हूँ

1 समान

मोहब्बत के बाज़ार में ऐ 'नज़ीर' अब
मैं आजिज़[1] ग़रीब अपनी जाँ बेचता हूँ

1 असहाय

वो चाँदनी में जो टुक सैर को निकलते हैं
तो मह[1] के तश्त[2] में घी के चराग़ चलते हैं

1 चाँद 2 थाली

चराग़-ए-सुब्ह ये कहता है आफ़्ताब[1] को देख
ये बज़्म[2] तुम को मुबारक हो हम तो चलते हैं

1 सूरज 2 महफ़िल

ब-रंग-ए-अश्क[1] कभी गिर के हम न संभले आह
यही कहा किए जी में कि अब संभलते हैं

1 आँसू की तरह

निकालता है हमें फिर वो अपने कूचे[1] से
अभी तो निकले नहीं हैं पर अब निकलते हैं

1 गली

फ़िदा जो दिल से है इन शोख़[1] सब्ज़ः-रंगों[2] पर
ये ज़ालिम[3] उसकी ही छाती प मूँग दलते हैं

1 चंचल, तेज 2 साँवला रंग 3 अत्याचारी / मा'शूक़

कोई तो पगड़ी-बदलता[1] है और से लेकिन
मियाँ 'नज़ीर' हम अब तुम से तन बदलते हैं

1 दोस्ती करना

❈

बगूले[1] उठ चले थे और न थी कुछ देर आँधी में
कि हमसे यार से आ हो गई मुडभेड़ आँधी में

1 बवंडर

जता कर ख़ाक[1] का उड़ना दिखा कर गर्द का चक्कर
वहीं हम ले चले उस गुल-बदन[2] को घेर आँधी में

1 मिट्टी 2 फूल जैसे बदन वाला मा'शूक़

रक़ीबों[1] ने जो देखा ये उड़ा कर ले चला उसको
पुकारे हाय ये कैसा हुआ अंधेर आँधी में

1 मा'शूक़ के अन्य आ'शिक़

वो दौड़े तो बहुत लेकिन उन्हें आँधी में क्या सूझे
ज़-बस[1] हम उस परी को लाए घर में घेर आँधी में

1 बस कि

चढ़ा कोठे प दरवाज़े को मूँद और खोल कर पर्दे
लगा छाती लिए बोसे[1] किया हत-फेर[2] आँधी में

1 चुंबन 2 हाथ फेरना

वो कोठे का मकाँ वो काली आँधी वो सनम गुल-रू[1]
अ'जब रंगों की ठहरी आ के हेरा-फेर आँधी में

1 फूल जैसा

उठा कर ताक़ से शीशा[1] लगा छाती से दिलबर को
नशों में ऐ'श[2] के क्या क्या किया दिल सेर[3] आँधी में

1 शराब की सुराही 2 आनंद 3 संतुष्ट

कभी बोसा कभी अंगिया प हाथ और गाह[1] सीने पर
लगे लुटने मज़े के संगतरे और बेर आँधी में
1 कभी

मज़े ऐ'श-ओ-तरब[1] लज़्ज़त[2] लगे यूँ टूट कर गिरने
कि जैसे टूट कर मेवों के होवें ढेर आँधी में
1,2 आनंद

रक़ीबों की मैं अब ख़्वारी[1] ख़राबी क्या लिखूँ बारे[2]
भरी नथनों में उन के ख़ाक दस दस सेर आँधी में
1 अपमान 2 अंततः

किसी की उड़ गई पगड़ी किसी का फट गया दामन
गई ढाल और किसी की गिर पड़ी शमशेर[1] आँधी में
1 तल्वार

'नज़ीर' आँधी में कहते हैं कि अक्सर देव होते हैं
मियाँ हम को तो ले जाती हैं परियाँ घेर आँधी में

❁

लेता है जान मेरी तो में सर-ब-दस्त[1] हूँ
ऐ यार मैं तो कुश्तः-ए-रोज़-ए-अलस्त[2] हूँ
1 सर हाथों में लिए 2 सृष्टि के आरंभ से मारा हुआ

इक दम की ज़िन्दगी के लिए मत उठा मुझे
ऐ बे-ख़बर मैं नक़्श[1]-ए-ज़मीं की निशस्त[2] हूँ
1 निशान 2 बैठने की जगह

तू मस्त कर शराब से ऐ गुल-बदन[1] मुझे
ज़ालिम[2] मैं तेरी चश्म[3]-ए-गुलाबी से मस्त हूँ
1 फूल-बदन मा'शूक़ 2 अत्याचारी 3 आँख

दूर-अज़-तरीक़[1] मुझको समझियो न ज़ाहिदा[2]
गर तू ख़ुदा-परस्त[3] है मैं बुत-परस्त[4] हूँ
1 रास्ते से दूर 2 धर्म परायण व्यक्ति 3 ख़ुदा का पुजारी 4 मूर्ति पूजक

इन संग-दिल[1] बुतों[2] का गिला[3] क्या करूँ 'नज़ीर'
मैं आप अपने शीशः-ए-दिल की शिकस्त[4] हूँ
1 निर्दयी 2 मूर्तियों / मा'शूक़ों 3 शिकायत 4 टूटना

सफ़ाई उसकी झलकती है गोरे सीने में
चमक कहाँ है ये अल्मास[1] के नगीने में

1 हीरा

न तूई[1] है न कनारी न गोखरू[2] तिस पर
सजी है शोख़ ने अंगिया बुनत के मीने[3] में

1 कपड़े पर बनी बेल 2 गोटा 3 कढ़ाई

जो पूछा मैं कि कहाँ थी तू हँस के यूँ बोली
मैं लग रही थी उस अंगिया मुई के सीने में'

जो ऐसा ही है तो अब हम न रोज़ आवेंगे
कभू[1] जो आए तो हफ़्ते में या महीने में

1 कभी

कभू मटक कभी बस बस कभू पियाला-पटक
दिमाग़[1] करती थी क्या क्या शराब पीने में

1 नख़रे

चढ़ी जो दौड़ के कोठे प वो परी इक बार
तो मैं ने जा लिया उसको अधर[1] के ज़ीने में

1 बीच

ये सुर्ख़ अंगिया जो देखी है उस परी की 'नज़ीर'
मुझे तो आग सी कुछ लग रही है सीने में

❀

की तलब[1] इक शह[2] ने कुछ पन्द[3] अज़-हकीम-ए-नुक्ता-दाँ[4]
उसने सुन के यूँ कहा ऐ साहब-ए-इक़्बाल-ओ-शाँ[5]

1 माँगना 2 बादशाह 3 शिक्षा, सलाह 4 ज्ञानी व्यक्ति से 5 सौभाग्य और वैभव के मालिक

याद रख और पास रख और सख़्त रख और जम्अ'[1] कर
खा छुपा काट और उठा दे ले बख़ूबी[2] हर ज़माँ[3]

1 इकट्ठा 2 अच्छी तरह 3 समय

उसने इस मुज्मल[1] के तफ़्सीलात[2] जब पूछे तो फिर
लुत्फ़[3] से उस नुक्ता-रस[4] ने यूँ किया इस का बयाँ[5]

1 संक्षेप 2 विस्तृत विवरण 3 कृपा कर के 4 ज्ञानी 5 बयान

याद रख हर दम ख़ुदा को पास रख हुस्न-ए-वफ़ा[1]
सख़्त रख दीं[2] को मुदाम[3] और जम्अ' कर इ'ल्म[4] ऐ जवाँ

1 सच्चाई की सुंदरता 2 धर्म 3 सदैव 4 ज्ञान

खा ग़ज़ब-ग़ुस्सा[1] छुपा ऐ'ब-ए-रफ़ीक़-ओ-आश्ना[2]
काट रब्त-ए-हम-नशीन-ए-बद[3] कि है इस में ज़ियाँ[4]

1 प्रकोप 2 दोस्तों के दोष 3 बुरे साथियों से संबंध 4 नुक़्सान

और उठा हर दम ज़ई'फ़-ओ-ना-तवाँ[1] से ज़ुल्म-ओ-जौर[2]
दाद[3] मज़्लूमों की दे और ले बहिश्त-ए-जाविदाँ[4]

1 बूढ़े और कमज़ोर लोग 2 अत्याचार 3 न्याय 4 सदैव रहने वाली स्वर्ग

नस्र[1] में मुझको 'नज़ीर' आए थे ये नुक्ते[2] नज़र
मैं ने नज़्म[3] इन को किया तो दिल हो हर दम शादमाँ[4]

1 गद्य 2 गहरी बातें 3 छंद-बद्ध 4 ख़ुश

कल नज़र आया चमन में इक अ'जब रश्क-ए-चमन[1]
गुल-रुख़[2]-ओ-गुल-गूँ-क़बा[3]-ओ-गुल-इज़ार[4]-ओ-गुल-बदन[5]

1 जिससे बाग़ को जलन हो 2 फूल-चेहरा 3 फूलों के लिबास वाला 4 फूल से गालों वाला 5 फूल-बदन

मेहर-तल्अ'त[1] ज़ोहरा-पैकर[2] मुश्तरी-रू[3] मह-जबीं[4]
सीम-बर[5] सीमाब-तब[6]-ओ'-सीम-साक़[7]-ओ-सीम-तन[8]

1 सूरज जैसे चेहरे वाला 2 सुंदरी 3 चमकदार चेहरे वाला 4 चाँद जैसे माथे वाला 5 चाँदी जैसा 6 पारे जैसा 7 गोरी पिंडलियों वाला 8 चाँदी जैसे बदन वाला

नाज़नीं[1] नाज़-आफ़रीं[2] नाज़ुक-बदन[3] नाज़ुक-मिज़ाज[4]
ग़ुन्चा-लब[5] रंगीं-अदा[6] शक्कर[7]-ज़नख़[8] शीरीं-दहन[9]

1 अदाओं वाला मा'शूक़ 2 अदाएँ पैदा करने वाला 3 कोमल बदन वाला 4 नक-चढ़ा 5 कली जैसे मुंह वाला 6 आकर्षक अदाओं वाला 7 चाँदी जैसा 8 ठोढ़ी 9 मीठी बातें करने वाला

बे-मुरव्वत[1] बे-वफ़ा बे-दर्द बे-पर्वा-ख़िराम[2]
जंग-जू[3] क़त्ताल-वज़[4]-ओ'-सरफ़राज़[5]-ओ-सर-फ़िगन[6]

1 निर्दयी 2 अपनी मस्ती में चलने वाला 3 लड़ाका 4 मारकाट पर उतारू 5 सर उठा रखने वाला 6 सर झुका रखने वाला

मुब्तला[1] ऐसे ही ख़ुश-वज़ओं'[2] के होते हैं 'नज़ीर'
बे-क़रार[3]-ओ-दिल-फ़िगार[4]-ओ-ख़स्ता-हाल[5]-ओ-बे-वतन[6]

1 ग्रस्त 2 अच्छे अन्दाज़ वाला मा'शूक़ 3 बेचैन 4 ज़ख़्मी दिल वाले 5 टूटे फूटे हाल वाले 6 अपने देश से दूर, परदेसी

❁

कहते हैं जिस को 'नज़ीर' सुनिए टुक उसका बयाँ[1]
था वो मोअ'ल्लिम[2] ग़रीब बुज़दिल[3]-ओ-तर्सिन्दा[4]-जाँ

1 बयान 2 शिक्षक 3 कायर 4 डरा हुआ

कोई किताब उसके तईं[1] साफ़ न थी दर्स[2] की
आए तो मा'नी[3] कहे वर्ना पढ़ाई रवाँ[4]

1 लिए 2 पाठ्यक्रम 3 अर्थ 4 जारी

फ़ह्म[1] न था इ'ल्म[2] से कुछ अ'रबी के उसे
फ़ारसी में हाँ मगर समझे था कुछ ईन-ओ-आँ[3]

1 समझ 2 ज्ञान 3 ये और वो

लिखने की ये तर्ज़[1] थी कुछ जो लिखे था कभी
पुख़्तगी[2]-ओ-ख़ामी[3] के उसका था ख़त[4] दर्मियाँ[5]

1 अन्दाज़ 2 पक्कापन 3 कच्चापन 4 लिखावट 5 बीच में

शे'र-ओ-ग़ज़ल के सिवा शौक़ न था कुछ उसे
अपने इसी शग़ल[1] में रहता था ख़ुश हर ज़माँ[2]

1 काम 2 समय

सुस्त-रविश[1] पस्त-क़द[2] साँवला हिन्दी-नज़ाद[3]
तन भी कुछ ऐसा ही था क़द के मुआफ़िक़[4] अ'याँ[5]

1 धीरे-धीरे चलने वाला 2 ठिगना 3 हिन्दोस्तान में पैदा हुआ 4 अनुकूल 5 प्रकट

माथे प इक ख़ाल[1] था छोटा सा मस्से के तौर
था वो पड़ा आन कर अब्रुओं[2] के दर्मियाँ

1 तिल 2 भवों

वज़्अ[1] सुबुक[2] उसकी थी तिस प न रखता था रीश[3]
मूछें थीं और कानों पर पट्टे भी थे पुम्बा-साँ[4]
1 अन्दाज़ 2 हल्का / हल्की 3 दाढ़ी 4 रूई जैसा

पीरी[1] में जैसी कि थी उसको दिल-अफ़्सुर्दगी[2]
वैसी ही थी उन दिनों जिन दिनों में था जवाँ
1 बुढ़ापा 2 दुखी होना

जितने ग़रज़[1] काम हैं और पढ़ाने सिवा[2]
चाहिए कुछ उससे हों उतनी लियाक़त[3] कहाँ
1 मत्लब ये कि 2 के अतिरिक्त 3 योग्यता

फ़ज़्ल[1] ने अल्लाह के उसको दिया उ'म्र भर
इ'ज़्ज़त-ओ-हुर्मत[2] के साथ पार्चः[3]-ओ-आब-ओ-नाँ[4]
1 कृपा 2 मान-सम्मान 3 कपड़ा 4 पानी-रोटी

❁

क्यों न हो बाम[1] प वो जल्वः-नुमा[2] तीसरे दिन
माह भी छुप के निकलता है दिला[3] तीसरे दिन

1 छत 2 उपस्थित, प्रकट 3 ऐ दिल

हाथ से अब तो क़लम रश्क-ए-मसीहा[1] रख दे
नुस्ख़े[2] बदले हैं जहाँ के हुकमा[3] तीसरे दिन

1 जिससे मसीहा को ईर्ष्या हो / मा'शूक़ 2 दवाओं का पर्चा 3 चिकित्सक

ग़र्क़-ए-दरिया-ए-मोहब्बत[1] की नहीं मिलती लाश
वर्ना डूबा हुआ निकले है सुना तीसरे दिन

1 मोहब्बत के दरिया में डूबा हुआ

दिल-ए-बीमार रहे इश्क़ में क्यों कर सर-सब्ज़[1]
ख़ाक़[2] से दाने को है नश्व-ओ-नुमा[3] तीसरे दिन

1 हरा भरा, उपजाऊ 2 मिट्टी 3 विकास

छोड़ मत ज़ुल्फ़ के मारे को तू दरिया में हनूज़[1]
साँप के काटे को देते हैं बहा तीसरे दिन

1 अभी

उ'म्र इक हफ़्ता[1] नहीं बाग़ में ऐ गुल[2] मत फूल[3]
रंग बदले है ज़माने की हवा तीसरे दिन

1 सप्ताह 2 फूल 3 गर्व करना

चार-हर्फ़[1] उस बुत-ए-पुर-ख़ूँ[2] के उपर भेज 'नज़ीर'
आप से आप जो हो जाए ख़फ़ा[3] तीसरे दिन

1 बुरा-भला कहना 2 जान लेने वाला मा'शूक़ 3 नाराज

ये जो गुल-रू-निगार[1] हँसते हैं
फ़ित्ना-गर[2] हैं हज़ार हँसते हैं

1 फूल-चेहरा मा'शूक़ 2 बर्बाद करने वाले

अ'र्ज़[1] बोसे[2] की सच न जानो तुम
हम तो ऐ गुल-इज़ार[3] हँसते हैं

1 माँग, प्रार्थना 2 चुंबन 3 फूल से गालों वाला मा'शूक़

दिल को दे मुफ़्त हँसते हैं हम यूँ
जिस तरह शर्मसार[1] हँसते हैं

1 लज्जित

हम जो करते हैं इ'श्क़ पीरी[1] में
ख़ूब-रू[2] बार बार हँसते हैं

1 बुढ़ापा 2 सुंदरियाँ

जो क़दीमी[1] हैं यार-दोस्त 'नज़ीर'
वो भी बे-इख़्तियार[2] हँसते हैं

1 पुराने 2 सहसा

कहते हैं याँ कि मुझ सा कोई मह-जबीं[1] नहीं
प्यारे जो हमसे पूछो तो याँ[2] क्या कहीं नहीं

1 चाँद जैसे माथे वाला 2 यहाँ

तुझ सा तो कोई हुस्न में याँ नाज़नीं नहीं
यूँ नाज़नीं बहुत हैं प नाज़-आफ़रीं नहीं

1 अदाओं वाला 2 अदाएँ बनाने वाला

साक़ी[1] को जाम[2] देने में उस ख़ुश-निगह[3] को आह
हर दम इशारतें[4] हैं कि उस के तईं[5] नहीं

1 शराब पिलाने वाला 2 शराब का प्याला 3 अच्छी आँखों वाला 4 इशारे

5 लिए

जब उस नहीं के कहने से माने है वो बुरा
आफी[1] फिर उस को कहता हूँ हँस कर नहीं नहीं

1 आप ही

इतना तो छेड़ता हूँ कि कहता है जब वो शोख़[1]
बन्दा तू मेरा मोल ख़रीदा नहीं, नहीं

1 चंचल मा'शूक़

साक़ी तुझे क़सम है दिए जा मुझे तू जाम
याँ दम में दम है होती नहीं जब नहीं नहीं

पूछे है उससे जब कोई क़त्ल-ए-'नज़ीर' को
कहता है हम ने मारा है हाँ हाँ नहीं नहीं

❁

सज़ावार-ए-'अरेआ-रे'[1] हुए हैं
भला इतने तो हम बारे[2] हुए हैं
1 'अरेआ-रे' कहे जाने योग्य 2 अंततः

न रखते हमसे बल[1] ज़ुल्फ़ों के हल्क़े[2]
मगर उस के ये सनकारे[3] हुए हैं
1 पेच, विरोध 2 छल्ले 3 इशारे से बुलाना, उकसाना

तुम्हारी देख कर अ'य्यारियों[1] को
मियाँ कुछ हम भी अ'य्यारे[2] हुए हैं
1 मक्कारी 2 मक्कार

बुलाते ही न आए हम तो बोला
कहीं ये नक़्द-ए-दिल[1] हारे हुए हैं
1 दिल रूपी धन

फिर आपी[1] यूँ 'नज़ीर' उसने कहा हाँ
किसी चंचल के ललकारे हुए हैं
1 ख़ुद ही

❁

चमन[1] में जब से लब[2] उस ग़ुन्चः-लब[3] ने खोले हैं
गुलों[4] के पहलू में ग़ुन्चे नहीं फफोले[5] हैं
1 बाग़ 2 होंठ 3 कली जैसे होंठों वाला 4 फूलों 5 बड़े छाले

ये मेह्‌र-ओ-मह[1] जो नशेब-ओ-फ़राज़[2] हैं गर वाँ[3]
तुम्हारे बाग़ में ऐसे कई हिन्डोले हैं
1 सूरज-चाँद 2 नीच-ऊँच 3 वहाँ

तुला न हुस्न[1] तुम्हारा वगर्ना[2] मीज़ाँ[3] में
फ़लक[4] प शम्स-ओ-क़मर[5] लाख बार तोले हैं
1 सौंदर्य 2 नहीं तो 3 तराजू 4 आस्मान 5 सूरज-चाँद

हमारे क़त्रः-ए-अश्क[1] उसकी सर्द-मेहरी[2] से
किसी ज़माने में मोती थे अब तो ओले हैं
1 आँसू की बूँदें 2 निर्दयता, उपेक्षा

वो संग-दिल[1] जो न बोला तो क्या तअ'ज्जुब[2] है
मियाँ 'नज़ीर' कहीं बुत[3] भी मुंह से बोले हैं
1 निर्दयी 2 आश्चर्य 3 मूर्ति

कहीं बैठने दे दिल अब मुझे जो हवास[1] टुक में बजा[2] करूँ
नहीं ताब[3] मुझ में कि जब तलक तू फिरे तो मैं भी फिरा करूँ
1 होश 2 ठीक 3 ताक़त

तू हजार मुझको सता परी तिरी चाह मुझसे न छूटेगी
मिरे दिल की तो यही है ख़ुशी तू जफ़ा[1] करे मैं वफ़ा करूँ
1 अत्याचार

जूँही बोसा[1] मैंने किया तलब[2] तो कहा तुझे तो नहीं है डर
मुझे ख़ौफ़[3] है कि मबादा[4] गर कोई देख ले तो मैं क्या करूँ
1 चुंबन 2 माँगना 3 डर 5 कहीं ऐसा न हो

मुझे मुद्दतों[1] से है दर्द-ए-दिल जो कहा कुछ इसका इ'लाज कर
तो कहा कि इसकी दवा है ये तू कहा करे मैं सुना करूँ
1 बहुत दिन

जो निगह[1] से चाह कि देखिए तो चढ़ा के त्योरी ये कहता है
तिरी इस निगह की सज़ा है ये कि बस अब मैं तुझ से छुपा करूँ
1 नज़र, दृष्टि

कभी उसके कूचे[1] में जा मिले जो ब-काम-ए-दिल[2] घड़ी दो घड़ी
तो मुझे हैं याद वो मक्र-ओ-फ़न[3] फिर उसी के दिल में मैं जा[4] करूँ
1 गली 2 दिल की कामना / उद्देश्य के साथ 3 मक्कारी 4 जगह, ठिकाना

कोई बोला तुमने 'नज़ीर' को न झिड़क दिया तो कहा मियाँ
दिल-ओ-जाँ से मुझ प फ़िदा है वो उसे किस तरह मैं ख़फ़ा[1] करूँ
1 नाराज़

लुत्फ़[1] जो चाहत के हैं सो वो जताने नहीं
चाह छुपी कीजिए ता कोई जाने नहीं
1 मज़े

गन्ज-ए-मोहब्बत[1] अ'बस[2] कीजिए बर्बाद क्यों
ये तो बड़ा नक़्द[3] है आने-दो-आने[4] नहीं
1 मोहब्बत का ख़ज़ाना 2 बेकार 3 धन 4 सिक्के का नाम

निकलें हैं जो अश्क-ओ-आह[1] दिल में वहीं रोकिए
दीदः-ओ-लब को मज़े उनके चखाने नहीं
1 आँसू और आह 2 आँख और होंठ

ख़्वाब में आ कर कोई पूछे कि आ'शिक़ हो तुम
वाँ[1] भी तअ'श्शुक़[2] के राज़[3] उसको बताने नहीं
1 वहाँ 2 आ'शिक़ी 3 रहस्य

था जो 'नज़ीर' उसको एक शख़्स[1] ने आ कर कहा
पढ़िए कुछ अपना सुख़न[2] कीजे बहाने नहीं
1 व्यक्ति 2 शाइ'री, बात

जब न पढ़ा कुछ तो फिर उसने ख़फ़ा[1] हो कहा
क्या तुम्हें शे'र अपने आह हमको सुनाने नहीं
1 नाराज़

सुनते ही इस बात के भर के दम-ए-सर्द[1] आह
कहने लगा क्या पढ़ें दिल तो ठिकाने नहीं
1 ठंढी आह

क़त्ल पर बाँध चुका वो बुत-ए-गुमराह[1] मियाँ
देखें अब किस की तरफ़ होते हैं अल्लाह मियाँ
1 गुमराह मा'शूक़

नज़्अ'[1] में चश्म[2] को दीदार[3] से महरूम[4] न रख
वर्ना[5] ता-हश्र[6] ये देखेंगी तिरी राह मियाँ
1 मरते समय 2 आँख 3 दर्शन 4 वंचित 5 नहीं तो 6 प्रलय तक

तू जिधर चाहे उधर जा कि सहर[1] से ता-शाम[2]
मैं भी साए[3] की तरह हूँ तिरे हम-राह[4] मियाँ
1 सुब्ह 2 शाम तक 3 छाया 4 साथ

हम तिरी चाह से चाहेंगे उसे भी दिल से
जिस को जी चाहे उसे शौक़[1] से तू चाह मियाँ
1 चाहत

लेकिन इतना है कि इस चाह में दरिया हैं कई
ऐसे ऐसे कई हैं जिन की नहीं थाह मियाँ

आगे मुख़्तार[1] हो तुम हम जो तुम्हें चाहे हैं
इस सबब[2] से तुम्हें हम करते हैं आगाह[3] मियाँ
1 अधिकार-संपन्न 2 कारण 3 सचेत

जब दम-ए-नज़्अ'[1] न आया वो सितमगर[2] तो 'नज़ीर'
मर गया कह के ये हसरत-ज़दा[3] ऐ वाह मियाँ
1 मरते समय 2 अत्याचारी / मा'शूक़ 3 कामना-ग्रस्त

करके बसंती लिबास सबसे बरस दिन के दिन
यार मिला आन कर हमसे बरस दिन के दिन

खेत प सरसों के जा जाम सुराही मंगा
दिल की निकाली मियाँ हमने हवस[1] दिन के दिन

1 लालसा

सब की निगाहों में दी ऐ'श[1] की सरसों खिला
साक़ी[2] ने क्या ही लिया वाह ये जस[3] दिन के दिन

1 आनंद 2 शराब पिलााने वाला / मा'शूक़ 3 यश

ख़ल्क़[1] में शोर-ए-बसंत यूँ तो बहुत दिन से था
हमने तो लूटी बहार ऐ'श की बस दिन के दिन

1 लोगों

आगे[1] तो फिरता रहा ग़ैरों[2] में हो ज़र्द-पोश[3]
हमसे मिला पर वो शोख़[4] खा के तरस[5] दिन के दिन

1 पहले 2 रक़ीबों / मा'शूक़ के अन्य आ'शिक़ 3 पीले कपड़े पहन कर 4 चंचल मा'शूक़ 5 दया

गर्चे[1] ये तेहवार की पहली ख़ुशी है ज़ियाद[2]
ऐ'न[3] जो रस है सो वो निकले है रस दिन के दिन

1 यद्दपि 2 अधिक 3 अस्ली

लूटेगा फिर साल भर गुलबदनों[1] की बहार
यार से मिल ले 'नज़ीर' आज बरस दिन के दिन

1 फूल जैसे बदन वाला / मा'शूक़

कहा जो हम ने हमें दर[1] से क्यों उठाते हो
कहा कि इस लिए तुम याँ[2] जो ग़ुल[3] मचाते हो
1 चौखट 2 यहाँ 3 शोर

कहा लड़ाते हो क्यों हमसे ग़ैर[1] को हमदम
कहा कि तुम भी तो हमसे निगह[2] लड़ाते हो
1 रक़ीब 2 निगाह

कहा जो हाल-ए-दिल अपना तो उसने हँस हँस कर
कहा ग़लत है ये बातें जो तुम बनाते हो

कहा जताते हो क्यों हमसे रोज़ नाज़-ओ-अदा[1]
कहा कि तुम भी तो चाहत हमें जताते हो
1 अदाएँ और नख़रे

कहा कि अ'र्ज़[1] करें हम प जो गुज़रता है?
कहा ख़बर है हमें क्यों ज़बाँ प लाते हो
1 निवेदन

कहा कि रूठे हो क्यों हमसे क्या सबब[1] इसका
कहा सबब है यही तुम जो दिल छुपाते हो
1 कारण

कहा कि हम नहीं आने के याँ" तो उसने 'नज़ीर'
कहा कि सोचो तो क्या आप[1] से तुम आते हो
1 ख़ुद

जुदा किसी से किसी का ग़रज़ हबीब[1] न हो
ये दाग़ वो है कि दुश्मन को भी नसीब[2] न हो
1 दोस्त 2 प्राप्त

जुदा जो हम को करे उस सनम[1] के कूचे[2] से
इलाही[3] राह में ऐसा कोई रक़ीब[4] न हो
1 मा'शूक़ 2 गली 3 ऐ ख़ुदा 4 मा'शूक़ का अन्य आ'शिक़

इ'लाज क्या करें हुकमा[1] तप-ए-जुदाई[2] का
सिवाए वस्ल[3] के इसका कोई तबीब[4] न हो
1 चिकित्सक (बहुवचन) 2 विरह की जलन 3 मिलन 4 चिकित्सक

'नज़ीर' अपना तो मा'शूक़ ख़ूबसूरत है
जो हुस्न उसमें है ऐसा कोई अ'जीब न हो

❁

जो देखो हँस के तुम तो बन्द अश्कों[1] की रवानी[2] हो
लब-ए-जाँ-बख़्श[3] को खोलो तो अपनी ज़िन्दगानी हो

1 आँसुओं 2 बहना 3 जीवन-दायी होंठ

वो गोरा चाँद सा मुखड़ा अ'रक़-आलूदा[1] गर देखे
तो क्या शक है कि बह जावे परी का हुस्न पानी हो

1 पसीने में भीगा

मुझे कल इक परी ने यूँ कहा हम ऐ 'नज़ीर' इस दम
कहें इक बात ऐसी जिसमें तुझको शादमानी[1] हो

1 ख़ुशी

न मिल उस संग-दिल[1] से तू जो मिलना है तो मिल हमसे
कहा मैंने ये सुन कर वाह तुम भी ख़ूब स्यानी हो

1 निर्दयी

उसे मैं छोडूँ और चाहूँ तुम्हें ऐ बी ये मुम्किन है
अ'जब तुम भी कोई उल्लुन[1] सिड़िन[2] ख़ब्तन[3] दिवानी हो

1 मादा उल्लू 2,3 पागल

उसने ऐसे हुस्न[1] के पाया है गन्जीने[2] प हाथ
रखती है ता'ज़ीम[3] को जिसके परी सीने प हाथ

1सुंदरता 2 ख़ज़ाना 3 सम्मान

आज तो वो हुस्न चमका था कि ग़श[1] आता उसे
रख न देते हम अगर जल्दी से आईने प हाथ

1 बेहोशी

यूँ पड़ा कूचे[1] में उसके मैं कि उसने रह्म[2] से
रख लिया 'हा' कह के अपने सीम-गूँ[3] सीने प हाथ

1 गली 2 दया 3 चाँदी जैसा, गोरा

पाँव उसके दाबते ग़ैरों[1] ने देखा था मुझे
कूटते सब मिल के गर पाते मिरे सीने प हाथ

1 रक़ीबों

कब उतरता बाम[1] से मेरे वो मिलने को 'नज़ीर'
दिल न रखता ज़ेर-ए-पा[2] उसके जो हर ज़ीने प हाथ

1 छत 2 पाँव के नीचे

हम अश्क-ए-ग़म[1] हैं अगर थम रहे रहे न रहे
मिज़ः[2] प आन के टुक जम रहे रहे न रहे

1 दुख में बहने वाले आँसू 2 पलक

रहें वो शख़्स[1] जो बज़्म-ए-जहाँ[2] की रौनक़ हैं
हमारी क्या है अगर हम रहे रहे न रहे

1 व्यक्ति, लोग 2 दुनिया की महफ़िल

मिलो जो हम से तो मिल लो कि हम ब-नोक-ए-गियाह[1]
मिसाल-ए-क़त्रः-ए-शबनम[2] रहे रहे न रहे

1 घास की पत्ती की नोक पर 2 ओस की बूँद की तरह

यही है अ'ज़्म[1] कि दिल भर के आज रो लीजे
कि कल ये दीदः-ए-पुर-नम[2] रहे रहे न रहे

1 इरादा, संकल्प 2 भीगी आँख

तुम्हारे ग़म में ग़रज़ हम तो दे चुके हैं जी
बला से तुम को भी अब ग़म रहे रहे न रहे

यही समझ लो हमें तुम कि इक मुसाफ़िर हैं
जो चलते चलते कहीं थम रहे रहे न रहे

'नज़ीर' आज ही चल कर बुतों से मिल लीजे
फिर इश्तियाक़[1] का आ'लम[2] रहे रहे न रहे

1 बहुत अधिक चाहत 2 हालत, अवस्था

टुक होंट हिलाऊँ तो ये कहता है न बक बे
और पास जो बैठूँ तो सुनाता है सरक बे

कहता हूँ कभी घर में मिरे आ तो है कहता
चौखट प हमारी कोई दिन सर तो पटक बे

जब बद्र[1] निकलता है तो कहता है वो मग़रूर[2]
कह दो उसे याँ आन के इतना न चमक बे

1 पूरा चाँद 2 अभिमानी

पर्दा जो उलट दूँगा अभी मुंह से तो दम में
उड़ जाएगी चेहरे की तिरे सब ये झमक बे

सब बाँकपन अब तेरा 'नज़ीर' इ'श्क़ ने खोया
क्या हो गई सच कह वो तिरी दूत-दुबक[1] बे

1 डाँट-फटकार

❁

जाम[1] न रख साक़िया[2] शब[3] है पड़ी और भी
पह्र[3] जहाँ कट गए चार घड़ी और भी
1 शराब का प्याला 2 शराब पिलाने वाला / मा'शूक़ 3 रात

पहले ही साग़र[1] में थे हम तो पड़े लोटते
इतने में साक़ी ने दी उस से कड़ी और भी
1 प्याला

पलकें तो छेदे थीं दिल मारे थी बर्छी निगाह
अब्रू[1] ने उस पर से एक तेग़[2] जड़ी और भी
1 भौं 2 तल्वार

कुछ तपिश-ए-दिल[1] थी कुछ सुनते ही फ़ुर्क़त[2] का नाम
आग सी एक आग पर आन पड़ी और भी
1 दिल की जलन 2 विरह

मेरी शब-ए-वस्ल[1] की सुब्ह चली आती है
रोक ले इस दम फ़लक[2] एक घड़ी और भी
1 मिलन की रात 2 आस्मान

गर्चे उभर आइ हैं तन प मिरे पर मियाँ
इतनी लगाईं जहाँ एक छड़ी और भी

क्या कहूँ उस शोख़[1] की वाह मैं ख़ूबी 'नज़ीर'
सुनते ही इस बात के एक जड़ी और भी
1 चंचल मा'शूक़

❀

ये छपके का जो बाला[1] कान में अब तुम ने डाला है
इसी बाले की दौलत से तुम्हारा बोल-बाला है
1 बुन्दा

नज़ाकत[1] सर से पाँवों तक पड़ी क़ुर्बान[2] होती है
इलाही[3] उस बदन को तू ने किस साँचे में ढाला है
1 कोमलता 2 निछावर 3 या ख़ुदा

ये दिल क्योंकर निगह से उसकी छिदते हैं मैं हैराँ हूँ
न ख़न्जर[1] है न निश्तर[2] है न जमधर[3] है न भाला है
1 छुरा 2 चाक़ू 3 एक तरह का छुरा

बलाएँ[1] नाग काले नागिनें और साँप के बच्चे
ख़ुदा जाने कि इस जूड़े में क्या क्या बाँध डाला है
1 विपत्तियाँ

न ग़ूल[1] आता है ख़ूबाँ[2] का सरक ऐ दिल मैं कहता हूँ
ये कम्पू[3] की नहीं पलटन ये परियों का रिसाला[4] है
1 टोली 2 सुंदरियाँ 3 फ़ौजी कैम्प 4 फ़ौज की टुकड़ी

जिसे तुम ले के बेदर्दी से पाँवों में कुचलते हो
ये दिल मैं ने तो ऐ साहब बड़ी मेहनत से पाला है

'नज़ीर' इक और लिख ऐसी ग़ज़ल जो सुन के जी ख़ुश हो
तिरी इस ढब की बातों ने तो दिल में शोर डाला है

इ'श्क़ फिर रंग वो लाया है कि जी जाने है
दिल का ये रंग बनाया है कि जी जाने है

नाज़[1] उठाने में जफ़ाएँ[2] तो उठाईं लेकिन
लुत्फ़[3] भी ऐसा उठाया है कि जी जाने है
1 अदाएँ, अभिमान 2 कष्ट 3 मज़ा

बाम[1] पर चढ़ के तमाशे को हमें हुस्न[2] अपना
इस तमाशे से दिखाया है कि जी जाने है
1 छत 2 सौंदर्य

उसकी फ़ुर्क़त[1] में हमें चर्ख़-ए-सितमगार[2] ने आह
ये रुलाया ये रुलाया है कि जी जाने है
1 विरह 2 अत्याचारी आस्मान / भाग्य

हुक्म[1] चप्पी[2] का हुआ शब[3] तो सहर[4] तक हम ने
रतजगा ऐसा मनाया है कि जी जाने है
1 आदेश 2 धीरे-धीरे हाथ-पाँव दबाना 3 रात 4 सुब्ह

तलवे सहलाने में गो ऊँघ के झुक झुक तो पड़े
पर मज़ा भी वो उड़ाया है कि जी जाने है

रन्ज[1] मिलने के बहुत दिल ने सहे लेक[2] 'नज़ीर'
यार भी ऐसा मिलाया है कि जी जाने है
1 दुख 2 लेकिन

❁

फिर इस तरफ़ वो परी-रू[1] झमकता[2] आता है
ब-रंग-ए-मेह्र[3] अ'जब कुछ चमकता आता है
1 परी-चेहरा मा'शूक़ 2 जगमगाता 3 सूरज की तरह

इधर उधर जो नज़र है तो इस लिए यारो
जो ढब से ताकते हैं उनको तकता आता है

कोई जो राह में कहता है दिल की बे-ताबी[1]
तो उस से कहता है क्या तू ये बकता आता है
1 बेचैनी

मिलाप करना है जिससे तो उस की जानिब[1] वाह
क़दम उठाता है जल्द और हुमकता आता है
1 ओर

हमारे दिल की जो आतिश[1] है देनी फिर भड़का
जभी 'नज़ीर' वो पलकें झपकता आता है
1 आग

ये हुस्न[1] है आह या क़यामत[2] कि इक भभूका[3] भभक रहा है
फ़लक[4] प सूरज भी थरथरा कर मुंह उस का हैरत से तक रहा है

1 सौंदर्य 2 प्रलय 3 बहुत तेज़ शो'ला 4 आस्मान

खजूरी-चोटी[1] अदा में मोटी जफ़ा[2] में लम्बी वफ़ा में छोटी
है ऐसी खोटी कि दिल हर इक का हर एक लट में लटक रहा है

1 चार लटों वाली चोटी 2 अत्याचार

वो माथा ऐसा कि चाँद निखरे फिर उस के ऊपर वो बाल बिखरे
दिल उस के देखे से क्यों न बिखरे कि मिस्ल-ए-सूरज[1] चमक रहा है

1 सूरज की तरह

वो चीन[1] ख़ुद-रौ[2] कटीले अब्रू[3] वो चश्म[4] जादू निगाहें आहू[5]
वो पलकें कज-ख़ू[6] कि जिन का हर मू[7] जिगर के अन्दर खटक रहा है

1 माथे की सिलवट 2 ख़ुद से चलने वाला 3 भौं 4 आँख 5 हिरन 6 टेढ़े स्वभाव वाला 7 बाल

ग़ज़ब वो चंचल[1] की शोख़ बीनी[2] फिर उस प नथनों की नुक्ता-चीनी[3]
फिर उस प नथ की वो हम-नशीनी[4] फिर उस प मोती फड़क रहा है

1 चंचल मा'शूक़ 2 नाक 3 बुराई निकालना 4 साथ बैठना / होना

लब-ओ-दहाँ[1] भी वो नर्म-ओ-नाजुक[2] मिसी[3]-ओ-पाँ[4] भी वो क़हर-ओ-आफ़त[5]
सुख़न[6] भी करने की वो लताफ़त[7] कि गोया[8] मोती टपक रहा है

1 होंठ ओर मुंह 2 कोमल 3 दाँतों का रंग 4 पान 5 मुसीबत 6 बात 7 मृदुलता 8 जैसे

वो कान ख़ूबी[1] में छक रहे हैं जवाहरों[2] में झमक रहे हैं
इधर को झुमके झमक रहे हैं उधर का बाला चमक रहा है

1 सुंदरता 2 रत्न

सुराही गर्दन वो आबगीना[1] फिर आगे सीना भी जूँ नगीना[2]
भरा है जिस में तमाम कीना[3] कि जूँ नगीना दमक रहा है

1 शीशा 2 रत्न, अँगूठी पर जड़ा जाने- वाला पत्थर 3 द्वेष

कुचें[1] वो कुछ कुछ समर[2] दरख़्ती[3] कुछ उनकी सख़्ती[4] वो कुछ करख़्ती[5]
हैं जिस ने देखे वो फल दरख़्ती कलेजा उस का धड़क रहा है

1 स्तन की नोक 2 फल 3 पेड़ 4 कठोरता 5 कठोरता

वो सुर्ख़[1] अंगिया जो कस रही है वो चस[2] रही है उकस[3] रही हैं
कुछ ऐसे ढब से वो कस रही है कि उसका कसना कसक रहा हैं

1 लाल 2 फटना 3 उभरना

वो पेट दिल को लपेट लेवे वो नाफ़[1] जी को समेट लेवे
मज़ार जी का झपेट लेवे कुछ ऐसा पेड़ू फड़क रहा है

1 नाभि

वो पीठ गोरी कमर वो पतली ग़ज़ब लगावट वो फिर सुर्री[1] की
अब आगे कहिए तो क्या कहूँ मैं कि होश इस जा ठिठक रहा है

1 कूल्हे

फ़क़त[1] वो चम्पे की इक कली है कुछ इक मुंदी है कुछ इक खुली है
सलाख़ सोने की इक डली है कि गोया[3] कुंदन दमक रहा है

1 केवल 2 जैसे

वो प्यारी रानें वो गोल साक़ें[1] वो कफ़[2] मुलाएम वो नर्म पहुँचे[3]
कड़ी कड़ी से खड़क रही है कड़ा कड़े से खड़क रहा है

1 पिंडलियाँ 2 हाथ 3 कलाइयाँ

'नज़ीर' ख़ूबी[1] मैं उस परी की कहूँ कहाँ तक सना[2] बना कर
सिफ़त[3] सरापा[4] में जिस के लिखने दिल अब उसी से अटक रहा है

1 गुण, सुंदरता 2 प्रशंसा 3 गुण 4 सर से पाँव तक पूरा शरीर

❋

हँसे रोए फिरे रुस्वा[1] हुए जागे बंधे छूटे
ग़रज़[2] हम ने भी क्या क्या कुछ मोहब्बत के मज़े लूटे
1 बदनाम 2 बस ये कि

कलेजे में फफोले[1] दिल में दाग़ और गुल[2] हैं हाथों पर
खिले हैं देखिए हम में भी ये उल्फ़त[3] के गुल-बूटे
1 बड़े छाले 2 फूल, दाग़ 3 मोहब्बत

तफ़ावुत[1] कुछ नहीं गुलचीं[2] में और बे-दर्द ख़ूबाँ[3] में
जो उस के हाथ गुल टूटे तो इन के हाथ दिल टूटे
1 अंतर, दूरी 2 फूल तोड़ने वाला 3 सुंदरियाँ

कुचलते हो मुझे तुम मैं ये माँगूँ हूँ दुआ दिल में
कोई दिलबर[1] मिरे आगे तुम्हें भी ख़ूब सा कूटे
1 दिल छीनने वाला / मा'शूक़

ज़बाँ की कर के मिक़राज़[1] और बना दुश्नाम[2] का काग़ज़
हमारे हक़ में क्या क्या आप ने कतरे हैं गुल-बूटे
1 कैंची 2 गाली

ये कहते हैं कि आ'शिक़ छूट जाता है अज़िय्यत[1] से
जब उस की उ'म्र को लश्कर[2] अजल[3] का आन कर लूटे
1 यातना 2 फौज 3 मौत

हमारी रूह तो फिरती है मा'शूक़ों की गलियों में
'नज़ीर' अब हम तो मर कर भी न इस जंजाल से छूटे

❀

अय्याम-ए-शबाब[1] अपने भी क्या ऐ'श-असर[2] थे
कहते हैं जिन्हें ऐ'ब[3] वो उस वक़्त हुनर[4] थे

1 जवानी के दिन 2 मौज-मस्ती वाले 3 दोष 4 गुण

दिन-रात वो महबूब मयस्सर[1] थे कि जिन की
ज़ुल्फ़ें अलम-ए-शाम[2] थीं रुख़[3] रश्क-ए-सहर[4] थे

1 उपलब्ध 2 शाम का दुख 3 चेहरा 4 सुब्ह से भी ज़ियादा रौशन

साक़ी[1] के उधर जाम इधर नाज़-ओ-अदा[2] से
जादू-नज़राँ[3] ख़ुश-निगहाँ[4] पेश-ए-नज़र[5] थे

1 शराब पिलाने वाला / मा'शूक़ 2 अभिमान और अदा 3 जिनकी आँखों में जादू हो 4 अच्छी आँखों वाले 5 नज़र में

महफ़िल से जो उठते थे ज़रा हम तो लिपट कर
नाज़ुक-बदनाँ[1] मू-कमराँ[2] दस्त-ओ-कमर[3] थे

1 कोमल बदन वाले 2 बाल जैसी कमर वाले 3 कमर में हाथ होना

हमराह[1] गुल-अन्दामों[2] के हो ख़ुर्रम-ओ-ख़न्दाँ[3]
बाग़-ओ-चमन-ओ-गुलशन-ओ-बुस्ताँ[4] में गुज़र थे

1 साथ 2 फूल-बदन मा'शूक़ 3 हँसी ख़ुशी 4 बाग़

क्या शोर थे क्या ज़ोर थे हर लह्ज़ा[1] अहा-हा
क्या वलवले[2] क्या क़हक़हे[3] बे-ख़ौफ़-ओ-ख़तर[4] थे

1 पल 2 जोश 3 ठहाके 4 निडर हो कर

दिखला के झमक जाते रहे दम में 'नज़ीर' आह
क्या जाने वो दिन बर्क़[1] थे या मिस्ल-ए-शरर[2] थे

1 बिजली 2 चिंगारी जैसे

ये सब ग़लत है जो यूँ हैं कहते कि उस का मुखड़ा नक़ाब में है
नक़ाब क्या है वो शर्मगीं[1] तो नक़ाब से भी हिजाब[2] में है
1 शर्म वाला मा'शूक़ 2 पर्दा

वो गोरा पिंडा[1] और उस में सुर्ख़ी[2] मगर ख़ुदा ने ले सर से ता-पा[3]
किया है मैदा तो मोतियों का और उसको गूँधा शहाब[4] में है
1 शरीर 2 लाली 3 पाँव तक 4 लाल रंग

झपक जो मुखड़े की देखी उसके तो हमने अपने ये दिल में जाना
उन्ही के पर्तव[1] से मह[2] है रौशन उसी का नूर[3] आफ़्ताब[4] में है
1 प्रतिबिंब, किरन 2 चाँद 3 रौशनी 4 सूरज

रहेगा महबूब जिस मकाँ में तो वाँ ही देखेंगे उसको जा कर
ग़रज़ वो जिसका कि नाम दिल है ये धुन उस आ'ली-जनाब[1] में है
1 जो बहुत सम्मानित हो

बंधा है जब से ख़याल उसका अ'जब तरह की लगन लगी है
कभी वो दिल में कभी वो जी में कभी वो चश्म-ए-पुर-आब[1] में है
1 भीगी आँख

वही उधर है वही इधर है वही ज़बाँ पर वही नज़र में
जो जागता हूँ तो ध्यान में है जो सो गया हूँ तो ख़्वाब में है

'नज़ीर' सीखे से इ'ल्म-ए-रस्मी[1] बशर की होती हैं चार आँखें
पढ़े से जिसके हों लाख आँखें वो इ'ल्म दिल की किताब में है
1 औपचारिक / पारंपरिक ज्ञान

❃

जब आँख उस सनम[1] से लड़ी तब ख़बर पड़ी
ग़फ़्लत[2] की गर्द दिल से झड़ी तब ख़बर पड़ी

1 मूर्ति / मा'शूक़ 2 भूला होना

पहले के जाम[1] में न हुआ कुछ नशा तो आह
दिलबर[2] ने दी तब उस से कड़ी तब ख़बर पड़ी

1 प्याला 2 दिल छीनने वाला / मा'शूक़

दाढ़ें लगीं उखड़ने को दन्दाँ[1] हुए शहीद
मज्लिस[2] में चल-बचल[3] ये पड़ी तब ख़बर पड़ी

1 दाँत 2 महफ़िल 3 चल-चलाव

बिन दाँत भी हँसे प जब आँखें चलीं तो आह
जब लागी आँसुओं की झड़ी तब ख़बर पड़ी

शहतीर सा वो क़द था सो ख़म[1] हो के झुक गया
गिरने लगी कड़ी प कड़ी तब ख़बर पड़ी

1 झुकना

नीचा दिखाया शेर ने तो भी ये समझे झूट
जब चाब ली गले की नड़ी[1] तब ख़बर पड़ी

1 नाड़ी, नस

जब आए इस गढ़े में 'नज़ीर' और हज़ार मन
ऊपर से आ के ख़ाक पड़ी तब ख़बर पड़ी

❀

तन पर उसके सीम[1] फ़िदा और मुंह पर मह[2] दीवाना है
सर से ले कर पाँव तलक इक मोती का सा दाना है
1 चाँदी 2 चाँद

नाज़ नया अन्दाज़ निराला चितवन[1] आफ़त चाल ग़ज़ब
सीना उभरा साफ़ सितम[2] और छब का क़हर[3] यगाना[4] है
1 देखना 2 अत्याचार 3 प्रकोप 4 अद्वितीय

बाँकी सज-धज आन अनूठी भोली सूरत शोख़-मिज़ाज[1]
नज़रों में खुल खेल लगावट आँखों में शर्माना है
1 चंचल स्वभाव

तन भी कुछ गदराया है और क़द भी बढ़ता आता है
कुछ कुछ हुस्न[1] तो आया है और कुछ कुछ और भी आना है
1 सौंदर्य

जब ऐसा हुस्न क़यामत[1] हो बेताब न हो दिल क्योंकि 'नज़ीर'
जान पर अपनी खेलेंगे इक रोज़ ये हम ने जाना है
1प्रलय

❁

सब ठाठ ये इक बूँद से क़ुदरत[1] की बना है
याँ और किसी की न मनी है न मना है
1 प्रकृति, ईश्वरीय-शक्ति

बिल-फ़र्ज़[1] अगर हम हुए हव्वा के शिकम[2] से
आदम के तईं[3] देखिए वो किसका जना है
1 मान लो कि 2 पेट 3 को

याँ[1] लोग दुल्हन दूल्हा के क़िस्से में फँसे हैं
वाँ[2] और बुनत है न बनी है न बना है
1 यहाँ 2 वहाँ

हिक्मत[1] का उलट-फेर नहीं जिनकी नज़र में
वो कहते हैं ग़ाफ़िल[2] ये बक़ा[3] है ये फ़ना[4] है
1 बुद्धिमत्ता 2 भूला हुआ / अज्ञानी 3 अनश्वरता 4 नश्वरता

ले अ'र्श[1] से ता-फ़र्श[2] जो रौशन है तिलिस्मात[3]
ये नूर सब उस नूर की छलनी से छना है
1 फ़र्श / ज़मीन 2 आस्मान तक 3 जादू

हम कच्चे से कच्चा इसे समझे हैं वगर्ना[1]
इस देग[2] के चावल में कनी[3] है न कना है
1 नहीं तो 2 बड़ा पतीला 3 कच्चापन

हाजत[1] न बर-आई[2] तो वहीं करने लगे हज्व[3]
और हो गया मत्लब तो वहीं वस्फ़-ओ-सना[4] है
1 ज़रूरत 2 पूरा होना 3 निंदा 4 प्रशंसा

❋

याँ तो कुछ अपनी ख़ुशी से नहीं हम आए हुए
इक ज़बरदस्त[1] के हैं खींच के बुलवाए हुए
1 शक्तिशाली

आते ही रोए तो आगे को न रोवें क्यों-कर[1]
हम तो हैं रोज़-ए-तवल्लुद[2] ही के दुख पाए हुए
1 कैसे 2 जन्म दिन

देख कर ग़ैर[1] के साथ उसको कहा यूँ हमने
हो तो तुम चाँद पर इस वक़्त हो गहनाए हुए
1 मा'शूक़ का अन्य आ'शिक़

कल जो गुलशन[1] में गए हम तो अजब शक्ल से आह
हिज्र[2] के मारे हुए जी से ब-तंग[3] आए हुए
1 बाग़ 2 विरह 3 तंग

गुल जो ताज़े थे खिले कहते थे शबनम[1] से ये बात
देख कर उन को जो वो फूल थे कुम्हलाए हुए
1 ओस

आज हैं शाख़[1] प जिस तौर से पज़्मुर्दा[2] 'नज़ीर'
कल इसी तर्ह से हम होवेंगे मुर्झाए हुए
1 टहनी 2 उदास, मुर्झाया हुआ

❁

हम देखें किस दिन हुस्न[1] ऐ दिल उस रश्क-ए-परी[2] का देखेंगे
वो क़द वो कमर वो चश्म[3] वो लब[4] वो ज़ुल्फ़ वो मुखड़ा देखेंगे

1 सौंदर्य 2 जिससे परी को ईर्ष्या हो 3 आँख 4 होंठ

मत देख बुतों[1] की अब्रू[2] को हट याँ से तू ऐ दिल वर्ना तुझे
एक आन[3] में बिस्मिल[4] कर देंगे और आप तमाशा देखेंगे

1 मूर्तियाँ / मा'शूक़ 2 भौं 3 पल 4 ज़ख़्मी

दिल दे कर हमने आज उसे ही देखी सूरत त्योरी की
ये शक्ल रही तो ऐ हमदम[1] कल देखें क्या क्या देखेंगे

1 दोस्त

जब देखी उसकी चीन-ए-जबीं[1] यूँ हमने 'नज़ीर' उस बुत से कहा
ख़ैर आप तो हमसे नाख़ुश हैं अब और को हम जा देखेंगे

1 माथे की सिलवट

क्या लुत्फ़[1] रहा उस चाहत में जो हम चाहें और तुम हो ख़फ़ा
ये बात सुनी तो वो चंचल यूँ हँस कर बोला देखेंगे

1 मज़ा

ना-ख़ुश दिखा के जिस को नाज़-ओ-इ'ताब[1] कीजे
ऐ मेहरबाँ[2] फिर उसको ख़ुश भी शिताब[3] कीजे
1 अभिमान और प्रकोप 2 कृपाशील 3 जल्दी

जो अपने मुब्तला[1] हों और दिल से चाहते हों
लाज़िम[2] नहीं फिर उन से रुकिए हिजाब[3] कीजे
1 ग्रस्त 2 आवश्यक 3 पर्दा

बैठे जो शाम तक हम बोला वो मेहरबाँ हो
जो ख़्वाहिशें[1] हैं उनका कुछ इन्तिख़ाब[2] कीजे
1 इच्छाएँ 2 चयन

हम ने 'नज़ीर' हँस कर उस शोख़ से कहा यूँ
हैं ख़्वाहिशें तो इतनी क्या क्या हिसाब कीजे

मौक़े' की अब तो ये है जो वक़्त-ए-शब[1] है ऐ जाँ
हम बैठे पाँव दाबें और आप ख़्वाब[2] कीजे
1 रात का समय 2 सोना

❁

न आया आज भी सब खेल अपना मट्टी है
तमाम रात ये सर और पलंग की पट्टी है

जबीं[1] प क़हर[2] न तन्हा[3] सियाह[4] पट्टी है
भवों की तेग़[5] भी काफ़िर बड़ी ही कट्टी है
1 माथा 2 प्रकोप 3 अकेली / केवल 4 काला / काली 5 तल्वार

फुँकी निकलती हैं अश्कों[1] की शीशियाँ यारो
हमारे सीने में किस शीशागर[2] की भट्टी है
1 आँसुओं 2 काँच बनाने वाला

गले लगाइए मुंह चूमिए सुला रखिए
हमारे दिल में भी क्या क्या हवस इखट्टी है

कोई हिजाब[1] नहीं तुझमें और सनम[2] में 'नज़ीर'
मगर तू आप ही पर्दा और आपी[3] टट्टी[4] है
1 पर्दा 2 मूर्ति / मा'शूक़ 3 आप ही 4 पर्दा

❋

कौन याँ[1] साथ लिए ताज-ओ-सरीर[2] आया है
याँ तो जो आया है पहले से फ़क़ीर आया है
1 यहाँ 2 सिंघासन

इ'श्क़ लाया है फ़क़त[1] एक ही सीने की सिपर[2]
हुस्न[3] बाँधे हुए सौ तर्कश-ओ-तीर आया है
1 केवल 2 ढाल, कवच 3 सौंदर्य

कल किसी शख़्स[1] ने उस शोख़[2] से जा कर ये कहा
आज दर[3] पर तिरे इक आ'शिक़-ए-पीर[4] आया है
1 व्यक्ति 2 चंचल मा'शूक़ 3 चौखट 4 बूढ़ा आ'शिक़

पुश्त[1] ख़म-कर्दा[2] असा[3] हाथ में गर्दन हिलती
ज़ो'फ़-ए-पीरी[4] से निहायत[5] ही हक़ीर[6] आया है
1 पीठ 2 झुका / झुकी 3 लाठी 4 बुढ़ापे की कमज़ोरी 5 अत्यंत 6 तुच्छ

सुन के ये शक्ल-ओ-शबाहत[1] तिरी उस शोख़ ने आह
वहीं मा'लूम[2] क्या ये कि 'नज़ीर' आया है
1 चेहरा और हुलिया 2 पूछा

❀

हुई शक्ल अपनी ये हम-नशीं[1] जो सनम[2] को हमसे हिजाब[3] है
कभी अश्क[4] है कभी आह है कभी रन्ज[5] है कभी ताब[6] है

1 दोस्त 2 मूर्ति / मा'शूक़ 3 पर्दा 4 आँसू 5 दुख 6 गर्मी, रौशनी

ज़रा दर[1] प उस के पहुँच के हम जो बुलावें उस को तो दोस्तो
कभी ग़ुस्सा है कभी छेड़ है कभी हील:[2] है कभी ख़्वाब है

1 चौखट 2 बहाना

जो उस अन्जुमन[1] में हैं बैठते तो मिज़ाज[2] उसके से हमको वाँ[3]
कभी इ'ज्ज़[4] है कभी बीम[5] है कभी रस्म है कभी दाब है

1 महफ़िल 2 स्वभाव 3 वहाँ 4 विनम्रता, लाचारी 5 निराशा

वो उधर से जा के जो आता है उसे दोनों हाल से दिल में याँ
कभी सोच है कभी फ़िक्र[1] है कभी ग़ौर[2] है कभी ताब है

1 चिंता 2 ध्यान

जो वो बा'द बोसा[1] के नाज़ से ज़रा झिड़के है तो 'नज़ीर' को
कभी मिस्री[2] है कभी क़न्द[3] है कभी शहद है कभी राब है

1 चुंबन 2,3 मीठी चीज़ें

❁

जो तू कहता है ऐ ग़ाफ़िल[1] ये मेरा है ये तेरा है
ये जिसका है उसी का है न तेरा है न मेरा है
1 अज्ञानी

तू अव्वल[1] सोच तो दिल में कि तू है कौन और क्या है
नमाज़ी है शराबी है उचक्का है लुटेरा है
1 पहले

फ़रिश्ता है परी है देव है या आदमी जिन है
बला है भूत है यामन मजूरा[1] या कमेरा[2] है
1 मज्दूर 2 छोटे मोटे काम करने वाला

तिरी क्या ज़ात है क्या नाम है क्या काम करता है
मुसाफ़िर बे-वतन[1] है या तिरा इस जा प डेरा है
1 परदसी

जब इन चीज़ों से तू अपने तईं[1] कुछ चीज़ ठहराए
तो उसके बा'द फिर कहियो ये मेरा है ये तेरा है
1 को

ये चीज़ें तो ग़रज़ क्या हैं तू अपना ही नहीं मालिक
तुझे ओ बे-ख़बर नादाँ[1] ये किस ग़फ़्लत[2] ने घेरा है
1 ना समझ 2 विस्मृति, अज्ञान

तू कच्चे सूत का धागा अ'बस[1] बल पेच खाता है
ये सब वह्म-ए-ग़लत[2] है और क़ुसूर-ए-फ़ह्म[3] तेरा है
1 बेकार 2 झूठा भ्रम 3 समझ का दोष

तू क्या जाने कि तुझको किसने किस चर्ख़े में काता है
तू क्या जाने कि तुझको किस अटेरन में अटेरा है

तमाशा है मज़ा है सैर है क्या क्या अहा हा हा
मुसव्विर[1] ने अ'जब कुछ रंग क़ुदरत[2] का बिखेरा है
1 चित्रकार 2 प्रकृति, शक्ति, लीला

तरक़्क़ी[1] में तनज़्ज़ुल[2] है तनज़्ज़ुल में तरक़्क़ी है
अंधेरे में उजाला है उजाले में अंधेरा है
1 विकास, प्रगति 2 पतन

तिलिस्मात-ए-हक़ीक़ी[1] है ये कुछ समझा नहीं जाता
यही चाँद और यही सूरज यही शाम और सवेरा है
1 ईश्वरीय जादू

'नज़ीर' अल्लाह अल्लाह इस जहाँ में दम ग़नीमत[1] है
कहाँ हम और कहाँ फिर तुम कोई दम[2] का बसेरा है
1 काफ़ी 2 पल

❁

नहीं हवा में ये बू[1] नाफ़ः-ए-ख़ुतन[2] की सी
लपट है ये तो किसी ज़ुल्फ़-ए-पुर-शिकन[3] की सी
1 गंध, सुगंध 2 ख़ुतन (चीन का एक शहर) की कस्तूरी 3 घुंघराले बाल

मैं हँस के इस लिए मुंह चूमता हूँ ग़ुन्चे[1] का
कि कुछ निशानी है उसमें तिरे दहन[2] की सी
1 कली 2 मुंह

ख़ुदा के वास्ते गुल[1] को न मेरे हाथ से लो
मुझे बू आती है इसमें किसी बदन की सी
1 फूल

कहा जो तुमने कि मनका[1] ढला तो आऊँगा
है बात कुछ न कुछ इस में भी मक्र-ओ-फ़न[2] की सी
1 जापमाला 2 धोखा

वगर्ना[1] सच है तो ऐ जान इतनी मुद्दत में
यही बस एक कही तुम ने मेरे मन की सी
1 नहीं तो

वो देख शेख़[1] को ला-हौल[2] पढ़ के कहता है
ये आए देखिए दाढ़ी लगाए सन की सी'
1 धर्मगुरू 2 क़ुरान की आयत जिसे पढ़ने से शैतान भाग जाता है

कहाँ तू और कहाँ उस परी का वस्ल[1] 'नज़ीर'
मियाँ तू छोड़ ये बातें दिवाने-पन की सी
1 मिलन

❊

क्यों न हो उसकी दिलरुबा पहुँची[1]
जिसके पहुँचे[2] प हो फ़िदा पहुँची
1 कलाई में पहना जाने वाला ज़ेवर 2 कलाई

गर पहुँच हो तो हम मलें आँखें
ऐसी उसकी है ख़ुशनुमा[1] पहुँची
1 सुंदर

दिल को पहुँचे है रन्ज[1] क्या क्या वो
अपनी लेता है जब छुपा पहुँची
1 दुख

इक छड़ी गुल[1] की भेज कर उसको
फ़िक्र[2] थी वो न पहुँची या पहुँची
1 फूल 2 चिंता

सुब्ह पूछी रसीद जब तो 'नज़ीर'
दी हमें शोख़[1] ने दिखा पहुँची
1 चंचल मा'शूक़

कई दिन से हम भी हैं देखते उसे हम प नाज़-ओ-इ'ताब[1] है
कभी मुंह बना कभी रुख़[2] फिरा कभी चीं[3] जबीं[4] प शिताब[5] है
1 अभिमान और प्रकोप 2 चेहरा 3 शिकन 4 माथा 5 जल्दी

है फँसा जो ज़ुल्फ़ में उसके दिल तो बतावें क्या तुझे हम-नशीं[1]
कभी बल से बल कभी ख़म से ख़म[2] कभी ताब-ए-चीन[3] से ताब है
1 दोस्त 2 पेच 3 माथे की शिकन की गर्मी

वो ख़फ़ा जो हमसे है ग़ुन्चः-लब[1] तो हमारी शक्ल ये है कि अब
कभी रन्ज-ए-दिल[2] कभी आह-ए-जाँ कभी चश्म[3] ग़म से पुर-आब[4] है
1 कली जैसे मुंह वाला मा'शूक़ 2 दिल का दुख 3 आँख 4 भीगा / भीगी

नहीं आता वो जो इधर ज़रा हमीं इन्तिज़ार में उसके याँ
कभी झाँकना कभी ताकना कभी बे-कली[1] पए-ख़्वाब[2] है
1 बेचैनी 2 सोने के लिए

वो 'नज़ीर' हमसे जो आ मिला तो फिर उस घड़ी से ये ऐ'श[1] हैं
कभी रुख़ प रुख़ कभी लब प लब कभी साग़र-ए-मय-ए-नाब[2] है
1 मज़ा 2 शुद्ध शराब का प्याला

❁

जब आया वो याँ दिलरुबाई[1] जताने
तो क्या क्या लगा ख़ुश-अदाई[2] जताने
1 आकर्षक अदाएँ 2 मोहक अदाएँ

दिखाने लगी ज़ुल्फ़ अपनी दराज़ी[1]
मिज़ः[2] भी लगी कुछ रसाई[3] जताने
1 लम्बाई 2 पलक 3 पहुँच

'नज़ीर' एक दिन उस परी-रू[1] के आगे
गए हम जो कुछ आश्नाई[2] जताने
1 परी-चेहरा मा'शूक़ 2 जान पहचान, प्रेम

दिया जाम[1] और हम जो पिचके[2] तो बोला
तुम आए हो नफ़रत-फ़ज़ाई[3] जताने
1 शराब का प्याला 2 झिझके 3 नफ़रत बढ़ाना

पिला देंगे हम तो मियाँ फ़ायदा क्या
लगे तुम जो याँ पारसाई[1] जताने
1 साधूपन, पवित्रता

❀

नहीं आए कल से जो तुम इधर उसे क्या ख़याल में लाइए
जो कुछ उ'ज़्र[1] हो तो बयाँ[2] करो नहीं जैसे आते थे आइए

1 आपत्ति, रुकावट, बहाना 2 बताओ

ये कहा कि हमसे भी बोलिए तो बना के मुंह कहा ग़ैर[1] से
ये सुख़न[2] है सच कि हर एक को बहुत अपने मुंह न लगाइए

1 रक़ीब 2 बात

लगे जब बिछाने बिसात[1] हम गली उसकी में तो कहा मियाँ
ये जो दाम[2] बैठे बिछाते हो उसे जल्द याँ से उठाइए

1 पूँजी, सामान, बिस्तर 2 जाल

वो निगार-ए-गुल-रुख़-ओ-गुलबदन[1] जो गले से आके लगे तो फिर
ये शगुफ़्तगी[2] हो ब-रंग-ए-गुल[3] कि न फूले दिल में समाइए

1 फूल-चेहरा और फूल-बदन मा'शूक़ 2 खिला होना 3 फूल जैसा

ये वो हाथ हैं कि सितम[1] करें ये बहार उनकी अ'जब हो जब
कड़े उनमें सोने के डालिए हिना[2] उनमें ख़ूब रचाइए

1 अत्याचार 2 मेंहदी

जो कहा था तुमने कि बज़्म[1] में तुम्हें पास अपने बिठा चुके
नहीं लाइक़[2] उसके तो हम मगर जो कहा तो कर भी दिखाइए

1 महफ़िल 2 योग्य

जूँ ही आते देखा 'नज़ीर' को तरफ़ अपनी हँस के कहा कि हाँ
तुम्हें लाई अपनी कशिश[1] इधर अजी आइए अजी आइए

1 आकर्षण

❁

मुंह से पर्दा न उठे साहब-ए-मन[1] याद रहे
फिर क़यामत[2] ही अ'याँ[3] है ये सुख़न[4] याद रहे

1 मेरे साहब 2 प्रलय 3 प्रकट 4 बात

छोड़ो इतनी न ज़बाँ ग़ुन्चा-दहन[1] याद रहे
फिर हमारे भी दहन है ये सुख़न याद रहे

1 कली जैसे मुंह वाला मा'शूक़

कूच:-गर्दों[1] में नहीं हम जो ये कूचा छोड़ें
ख़ाक[2] करना है हमें याँ ही बदन याद रहे

1 गली में फिरने वाले 2 मिट्टी

अ'ह्द[1] आने का किया है तो गिरह[2] बन्द[3] में दे
इससे शायद तुझे ऐ अ'ह्द-शिकन[4] याद रहे

1 प्रण, वादा 2 गाँठ 3 धागा 4 प्रण तोड़ने वाला

आपके कूचे[1] को हम का'बा-ए-मक़्सूद[2] समझ
भूल बैठे हैं सब आराम-ए-वतन[3] याद रहे

1 गली 2 अस्ली उद्देश्य 3 अपने देश / घर का आराम

हर्फ़[1] उठ जाने का कह बैठे हो अब तो लेकिन
फिर न कहियेगा कभी क़िब्ला-ए-मन[2] याद रहे

1 अक्षर, बात 2 मेरे क़िब्ला (सम्मानित व्यक्ति)

सौ चमन[1] एक फ़क़त[2] मुखड़े में उसके हैं 'नज़ीर'
जब ये सूरत हो तो फिर किसको चमन याद रहे

1 बाग़ 2 केवल

❁

सरिश्क[1]-ए-चश्म[2] से मोती बहुत पिरोए गए
वले[3] ये दाग़ जिगर के न हमसे धोए गए
1 आँसू 2 आँख 3 लेकिन

ग़ुरूर[1] ने तो हमारे बहुत ही खींचा सर
पर उसको हम भी सदा ख़ाक[2] में मिलोए गए
1 अभिमान, अहंकार 2 मिट्टी

हमारी उनकी रही उ'म्र भर यही सोहबत[1]
उधर वो हँसते गए हम इधर से रोए गए
1 साथ, संगत

समाए ऐसे हैं आ कर कि फिर मिरे दिल से
न जागने में कभी और कभी न सोए गए

'नज़ीर' क्या ही मज़ा था कि कल ख़ुशी से हम
गए थे यार को लेने सो आपी[1] खोए गए
1 आप ही

❁

दिल जुल्फ़ में रखते हो तो उकताने न पावे
ये सैद[1] नया है अभी घबराने न पावे

1 क़ैदी

कहता है कि कूचे[1] में हमारे जो कोई दिल
लावे तो न कुछ कहियो प ले जाने न पावे

1 गली

काकुल[1] है खुली इस लिए ता[2] पाँव निगह का
इस में ही बंधे चेहरे तलक आने न पावे

1 लम्बे बाल 2 ता कि

त्योरी जो चढ़ी रहती है उसका है सबब[1] ये
जो शिक्वा[2] ज़बाँ पर कोई कुछ लाने न पावे

1 कारण 2 शिकायत

मुश्किल है कि जो चाहे तो फिर आवे न दर[1] तक
और दिल कहीं बहलावे तो बहलाने न पावे

1 दरवाज़ा

चुपके ही जफ़ाएँ[1] सहे कुछ बोले न हर्गिज़[2]
बोले तो ज़बाँ गूँगी हो बतलाने न पावे

1 अत्याचार 2 कदापि

हम एक नज़र देख 'नज़ीर' उसको जो भागे
बोला कि उसे लीजियो[1] हाँ जाने न पावे

1 पकड़ो

दैर[1] से आज जो निकले बुत-ए-ज़ीशान[2] कई
ले गए सब्र[3] कई दीं[4] कई ईमान कई

1 मंदिर 2 सम्मानित मूर्ति / मा'शूक़ 3 धैर्य 4 धर्म

अब तो टुक मुंह को दिखा यार कि नर्गिस[1] बन कर
निकले हैं ख़ाक-ए-चमन[2] से तिरे हैरान कई

1 एक फूल जिसकी पत्तियाँ आँख की तरह होती हैं 2 बाग़ की मिट्टी

उसके दामन से लगूँ पाँव पड़ूँ साथ चलूँ
ख़ाक हूँ तो भी मिरे दिल में हैं अरमान कई

आख़िर आया है तू गुलशन[1] में भी टुक अब तो चल
याँ भी रहते हैं तिरे चाक-गरेबान[2] कई

1 बाग़ 2 जिनके गरेबान फटे हों / दीवाने आ'शिक़

पान खा खा न हँस इस दर्जा[1] तू ऐ दुश्मन-ए-जाँ[2]
अभी भर जाएँगे ख़ूँ में लब-ओ-दन्दान[3] कई

1 इतना अधिक 2 जान के दुश्मन / मा'शूक़ 3 होंठ और दाँत

जान कर गोर-ए-ग़रीबाँ[1] में क़यामत[2] न मचा
अभी सोते हैं तिरे बे-सर-ओ-सामान[3] कई

1 आ'म लोगों का क़ब्रिस्तान 2 हंगामा 3 बेघर लोग

बादशा[1] को न लिखा रुक़्आ'[2] कभी जिसने 'नज़ीर'
उस शह-ए-हुस्न[3] के आए मुझे फ़र्मान[4] कई

1 बादशाह 2 पत्र 3 सुंदरता का बादशाह 4 आदेश

❁

जो उसके नाज़-ओ-अदा[1] हमको दिल-पज़ीर[2] हुए
तो उसके काकुल-ए-पुरख़म[3] में हम असीर[4] हुए

1 अभिमान और अदा 2 पसन्द 3 घुंघराले बाल 4 क़ैदी

छुई जो ज़ुल्फ़ ज़रा उसकी हमने हो गुस्ताख़[1]
तो ग़ुस्सा हो के कहा तुम भी अब शरीर[2] हुए

1 घृष्ट 2 शरारती

न छूटा हमसे वो नक़्शा निगह लड़ाने का
है दिल की धुन तो वही क्या हुआ जो पीर[1] हुए

1 बूढ़ा

हक़ीर[1] होने की ख़ूबी[2] उन्हीं को है मा'लूम[3]
जो ख़ुश-निगाहों[4] की नज़रों में कुछ हक़ीर हुए

1 तुच्छ 2 अच्छाई 3 ज्ञात 4 अच्छी आँखों वाले / मा'शूक़

बुतों[1] की नाज़ुकी[2] जब शोख़ियाँ[3] नज़र आएँ
मियाँ 'नज़ीर' से जब हम फ़क़त[4] नज़ीर हुए

1 मा'शूक़ों 2 क़ोमलता 3 चंचलता 4 केवल

❋

काकुल-ए-मुश्कीं[1] का तुझको शौक़[2] बेताबाना[3] है
ऐ दिल-सद-चाक[4] सच कह दिल है तू या शाना[5] है

1 ख़ुश्बूदार बाल 2 चाहत 3 बेचैनी के साथ 4 दिल जिसके सौ टुकड़े हों 5 कंधा

कर दिया पहले ही साग़र[1] में हमें मस्त-ओ-ख़राब
हमनशीं[2] चश्म-ए-बुताँ[3] का भी अ'जब मयख़ाना[4] है

1 शराब का प्याला 2 दोस्त 3 मा'शूक़ों की आँख 4 शराब ख़ाना

शम्अ-रूयों[1] को तो कुछ पर्वा नहीं पर क्या करें
दिल जो हम रखते हैं वो दिल तो नहीं पर्वाना है

1 रौशन चेहरे वाले मा'शूक़

पड़ गई थी एक दिन चश्म-ए-गुलाबी[1] पर निगाह
अब तलक पा[2] में हमारे लग़्ज़िश-ए-मस्ताना[3] है

1 गुलाबी आँख 2 पाँव 3 मस्ती की लड़खड़ाहट

फिर वो चश्म-ए-मस्त[1] इधर को मैल[2] करती है दिला[3]
याद है उसका नशा कुछ ये वही मयख़ाना है

1 मस्त आँख 2 आकृष्ट होना 3 ऐ दिल

हाल-ए-दिल हमने कहा जिस दम तो बोला सच कहो
ये कोई क़िस्सा[1] नया है या कुहन[2] अफ़्साना है

1 कहानी 2 पुराना

इस पर-रू[1] से चला फिर दिल लगाने को 'नज़ीर'
क्या कहें ये शख़्स[2] भी कोई अ'जब दीवाना है

1 परी-चेहरा मा'शूक़ 2 व्यक्ति

❀

कूचे[1] में उसके अक्सर कहते हैं याँ से उठिए
पर हमसे दिल है कहता मत ख़ौफ़-ए-जाँ[2] से उठिए

1 गली 2 जान का डर

कहने से ग़ैर[1] के तो हम कब उठेंगे यारो
जब तक न वो कहेगा अपनी ज़बाँ से उठिए

1 रक़ीब, मा'शूक़ का अन्य आ'शिक़

बैठ उसके पास हमने टुक छू लिया जो ज़ानू[1]
हँस कर कहा ये उसने अब आप याँ से उठिए

1 जाँघ, घुटना

रह दैर[1] में तू ऐ दिल मत याद ख़ानक़ह[2] कर
वाँ बैठिए न हर्गिज़[3] फिर जिस मकाँ[4] से उठिए

1 मंदिर 2 सूफ़ियों का केंद्र 3 कदापि 4 मकान

दीं[1] दे चुके थे पहले दे बैठे दिल 'नज़ीर' अब
किस ज़िन्दगी की ख़ातिर कू-ए-बुताँ[2] से उठिए

1 धर्म-ईमान 2 मूतियों / मा'शूक़ों की गली

कब आह वो कर सकते हैं दिल की तपिशों[1] से
सोहबत[2] है जिन्हें हुस्न[3] के नाज़ुक-मनिशों[4] से

1 गर्मी, आँच 3 संगत 3 सौंदर्य 4 कोमल अन्दाज़ वाले, मा'शूक़

कर चर्ब-ए-ज़बाँ[1] से न परी-रूयों[2] की तस्ख़ीर[3]
ये लोग जो मिलते हैं तो दिल की कशिशों[4] से

1 बातूनी होना, चापलूसी 2 परी-चेहरा मा'शूक़ों 3 जीतना 4 आकर्षक

है आज तो ख़ुश पर नहीं बुलबुल को ये मा'लूम[1]
कल सर को पटकना है चमन की रविशों[2] से

1 ज्ञात 2 रास्तों

ख़ूबाँ[1] तो चले हमसे चलन नाज़[2] के लेकिन
छेड़ा है उन्हें हमने भी किन किन रविशों[3] से

1 सुंदरियाँ 2 अभिमान 3 तरीक़ों, अन्दाज़

मुद्दत[1] में 'नजीर' उसने किया दिल के तईं[2] क़त्ल
सद-शुक्र[3] कि हम आज छुटे सब ख़लिशों[4] से

1 बहुत दिन 2 को 3 बहुत धन्यवाद 4 खटक, चिंताएँ

❀

जो तुम ने पूछा तो हर्फ़-ए-उल्फ़त[1] बर[2] आया साहब हमारे लब[3] से
सो उस को सुन कर हुए ख़फ़ा तुम न कहते थे हम इसी सबब[4] से

1 प्रेम-अक्षर 2 निकलना, बाहर आना 3 होंठ 4 कारण

न देते हम तो कभी दिल अपना न होते हर्गिज़[1] ख़राब-ओ-रुस्वा[2]
वले[3] करें क्या कि तुमने हमको दिखाईं झमकें[4] अ'जब ही छब से

1 कदापि 2 बदहाल और बदनाम 3 लेकिन 4 तेज़ रौशनी

वो जा'द-ए'[1]-मुश्कीं[2] जो दिन को देखे तो याद उसकी में शाम ही से
ये पेच-ओ-ताब[3] आ के दिल से उलझे कि फिर सहर[4] तक न सुलझे शब[5] से

1 घुंघराले बाल 2 ख़ुश्बूदार 3 बेचैनी 4 सुब्ह 5 रात

लगाई फुन्दुक़[1] जो हमने उसकी कलाई पकड़ी तो हँस के बोला
ये उँगली पहुँचे[2] की याँ न ठहरी बस आप रहिए ज़रा अदब[3] से

1 मेंहदी लगी उँगली की पोर 2 कलाई 3 शिष्टता

कहा था हम कुछ कहेंगे तुमसे कहा तो ऐसा कि हम न समझे
समझते क्यों-कर[1] कि उसने लब[2] से सुख़न[3] निकाला कुछ ऐसे ढब से

1 कैसे 2 होंठ 3 बात

हवस[1] तो बोसे[2] की है निहायत[3] प कीजिए क्या कि बस नहीं है
जो दस्तरस[4] हो तो मिस्ल-ए-साग़र[5] लगावें लब को हम उनके लब से

1 बहुत अधिक इच्छा 2 चुंबन 3 अत्यंत 4 पहुँच 5 प्याले की तरह

किसी ने पूछा 'नज़ीर' को भी तुम्हारी महफ़िल में बार[1] होगा
कहा कि होगा वो बोला कब से कहा कभू[2] का कभी न अब से

1 आने की आज्ञा 2 कभी

सर-सब्ज़[1] रखियो किश्त[2] को ऐ चश्म[3] तू मिरी
तिरी ही आब[4] से है बस अब आब्रू[5] मिरी

1 हरा भरा 2 खेती 3 आँख 4 पानी, चमक 5 मान-सम्मान

गो[1] मैं जफ़ा[2] से मर गया रुक रुक के रूसियाह[3]
पर शुक्र[4] है वफ़ा तो हुई सुर्ख़रू[5] मिरी

1 यद्यपि 2 अत्याचार 3 जिसका मुंह काला हो, अपमानित 4 धन्यवाद 5 कामयाब

उसकी जबीन-ए-पाक[1] पर उस दम तक ऐ नसीम[2]
काफ़िर हूँ गर पड़ी हो नज़र बे-वज़ू[3] मिरी

1 पवित्र माया 2 हवा 3 पाक-साफ़ हुए बिना (वज़ू = नमाज़ के लिए पाक-साफ़ होना

बल खा के ज़ुल्फ़ कान में उस कान-ए-हुस्न[1] के
फूँके है पर्दे पर्दे में कुछ मू-ब-मू[2] मिरी

1 सुंदरता की खान 2 बालों बालों में

मैं मर गया था ज़हर जो खा कर तो इस लिए
या'नी वो शाद[1] हो कि मिटी हा-ओ-हू[2] मिरी

1 ख़ुश 2 आहों कराहों का शोर

सो तूने मेरे ग़म में रुलाया उसे फ़लक[1]
ऐ रू-सियाह ये तो न थी आरज़ू मिरी

1 आस्मान

पहरों तलक बका मैं पर उस शोख़ ने 'नज़ीर'
इक चुटकी में उड़ा दी वो सब गुफ़्तुगू[1] मिरी

1 बात-चीत

❀

इज़्हार[1] हम भी करते अहवाल-ए-दिल-फ़िगारी[2]
शर्म-ए-वफ़ा[3] गर इक दम देती ज़बाँ को यारी
1 व्यक्त करना 2 दिल के ज़ख़्मी होने का हाल 3 प्रेम-संकोच

जिन में फ़रेब-ओ-फ़न[1] की सौ पुख़्ता-कारियाँ[2] है
हम उनके मुब्तला[3] है ऐ वाए[4] ख़ाम-कारी[5]
1 धोखा और मक्कारी 2 पक्का काम करना, कौशल 3 ग्रस्त 4 कच्चापन, अनुभव-हीन होना

शिक्वा[1] फ़रामुशी[2] का क्या उनसे कीजे जिनको
सूरत ही भूल जावे फिर कैसी यादगारी
1 शिकायत 2 भूलना

इक बार मिलते मिलते रुक जाओ तुम तो ऐ जाँ
दिल-बस्तगाँ[1] की फिर हो क्योंकर[2] न अश्क-बारी[3]
1 जिनका दिल कहीं बंधा हो / आ'शिक़ लोग 2 कैसे 3 आँसू बहाना

वा'दे प गुल-रुख़ों[1] के मत खा फ़रेब[2] ऐ दिल
उनके क़रार[3] में हैं सद-ख़ार-बे-क़रारी[4]
1 फूल-चेहरा मा'शूक़ 2 धोखा 3 प्रण, चैन 4 बेचैनी के सैकड़ों काँटे

लेती है हमसे बदला अब सुब्ह-ए-हश्र[1] उसका
जो शाम-ए-मू[2] में हमने की थी सियाह-कारी[3]
1 प्रलय की सुब्ह 2 बालों की शाम 3 पाप करना

गिर कर 'नज़ीर' हम उस महबूब की नज़र से
ऐसे हुए हैं हलके जो ज़िन्दगी है भारी

❁

ग़फ़्लत[1] में जो रहा वो न भूले तो क्या करे
फ़र्बः[2] जिसे किया वो न फूले तो क्या करे

1 बेख़बर 2 मोटा

गुल से कोई कहे कि शगुफ़्तन[1] से बाज़[2] आ
उसको तो फूलना है न फूले तो क्या करे

1 खिलना

जो ना-क़ुबूल[1] शय[2] के बनाया क़ुबूल को
फिर उसको वो भला न क़ुबूले तो क्या करे

1 अमान्य 2 चीज़

लड़के को दें जो मह्द[1] में मादर[2] पिदर[3] सुला
लाचार फिर वो उसमें न झूले तो क्या करे

1 पालना 2 माँ 3 बाप

जिस फ़ीलबाँ[1] को हुक्म[2] हो सरदार का 'नज़ीर'
फिर वो ग़रीब हाथी न होले[3] तो क्या करे

1 हाथी चलाने वाला, महावत 2 आदेश 3 डरना

❀

कल देख के उसके आ'लम[1] को इक आ'लम[2] के औसान[3] गए
वल्लाह[4] अ'जब कुछ आ'लम था जो जान गए सो जान गए

1 हाल, हालत 2 संसार 3 होश 4 अल्लाह की क़सम

क्या हुस्न[1] कहूँ अल्लाह रे हुस्न उस रश्क-ए-परी[2] की सूरत पर
इन्सान रहे किस गिनती में जब हूर-ओ-मलक[3] क़ुर्बान[4] गए

1 सुंदरता 2 जिससे परी को ईष्या हो 3 हूर और फ़रिश्ते 4 निछावर

उस मुखड़े चाँद के टुकड़े को तर देख अ'रक़[1] के क़त्रे[2] से
कितनों के दीन[3] फिरे बहते और कितनों के ईमान गए

1 पसीना 2 बूँदें 3 धर्म

वो बूँद सियाही[1] मिज़्गाँ[2] की जब उतरी तीर-अन्दाज़ी[3] पर
दिल छेद जिगर सूराख़[4] किया और सीना तो सब छान गए

1 कालापन 2 पलकों 3 तीर चलाना 4 छेद

कुछ भेद बदल कर शब[1] को हम जूँ पहुँचे उसकी मज्लिस[2] में
वो काफ़िर वूँहीं[3] बोल उठा हम जान गए हम जान गए

1 रात 2 महफ़िल 3 वहीं

जब मैंने 'नज़ीर' उससे ये कहा अब ग़म खाए क्या होता है
उन बातों को मत याद करो वो पानी बह मुल्तान गए

❁

उसका उधर वो हुस्न दिखाना घड़ी घड़ी
और हमको ग़श[1] प ग़श इधर आना घड़ी घड़ी

1 बे-होशी

दिन रात उसके हिज्र[1] में घड़याल[2] की तरह
पड़ता है हमको शोर मचाना घड़ी घड़ी

1 विरह 2 समय बताने वाला घन्टा

आता है अब तो पहर[1] में कुछ आठ सात बार
क्या जाने क्या करेगा ये आना घड़ी घड़ी

1 तीन घन्टे का समय

बाहर कभी जो निकले तो कह आवे घर में यूँ
गर देर हो तो मुझको बुलाना घड़ी घड़ी

हो शब[1] जो वस्ल[2] की तो बहुत हो के मुज़्तरिब[3]
करना हर एक तर्ह बहाना घड़ी घड़ी

1 रात 2 मिलन 3 बे-चैनी

अलक़िस्सा[1] वक़्त-ए-सुब्ह तक उसको तो रूठना
और हमको पाँव पड़ के मनाना घड़ी घड़ी

1 संक्षेप में ये कि

जाती है इसमें क़द्र[1] कुछ अच्छा नहीं 'नज़ीर'
घर में किसी के दौड़ के जाना घड़ी घड़ी

1 मान-सम्मान, मूल्य

दस्त-ए-ग़ैर[1] उसके हिना[2] वाँ[3] पाँव पर बाँधा किए
याँ[4] कई मुश्फ़िक़[5] हमारे ज़ख़्म-ए-सर[6] बाँधा किए

1 रक़ीब के हाथ 2 मेंहदी 3 वहाँ 4 यहाँ 5 कृपाशील दोस्त 6 सर का ज़ख़्म

उड़ के आख़िर जा पड़ी उस रू-ए-रख़्शाँ[1] पर निगाह
गर्चे[2] हम मुद्दत से इस ताइर[3] के पर बाँधा किए

1 चमकीला चेहरा 2 यद्यपि 3 परिन्दा

अपने अश्कों[1] से हम उसके दस्त-ए-ग़म[2] में दम-ब-दम[3]
जब तलक जीते रहे सिल्क-ए-गुहर[4] बाँधा किए

1 आँसुओं 2 दुख का हाथ 3 पल-पल 4 मोतियों की माला

ख़ाल-ओ-अब्रू[1] की नज़र-बाज़ी[2] से बाज़[3] आए न हम
गो[4] वो हम पर हर घड़ी तेग़-ओ-सिपर[5] बाँधा किए

1 तिल और भौं 2 एक दूसरे को प्यार से देखना 3 रुकना 4 यद्यपि 5 तल्वार और ढाल

क़त्ल का सुनते ही मुज़्दा[1] हम तो शादी-मर्ग[2] हो
अव्वल-ए-मन्ज़िल[3] को पहुँचे वो कमर बाँधा किए

1 शुभ-समाचार 2 ख़ुशी से भर जाना 3 पहली मन्ज़िल

ग़श[1] जो आया रात उसकी चश्म[2] के बीमार को
रिश्तः-ए-चश्म[3] उसके बाज़ू[4] ता-सहर[5] बाँधा किए

1 बे-होशी 2 आँख 3 आँख की डोर 4 हाथ 5 सुब्ह तक

अश्क[1] उधर पानी में कुछ घोला किए उस दम 'नज़ीर'
सुर्ख़[2] सी कुछ गोलियाँ लख़्त-ए-जिगर[3] बाँधा किए

1 आँसू 2 लाल 3 दिल के टुकड़े

कल सुना हमने ये कहता था वो इक हमराज़[1] से
देखता था मुझको आज इक शख़्स[2] अ'जब अन्दाज़ से
1 राज़दार 2 व्यक्ति

वो नियाज़[1]-ओ-इ'ज्ज़[2] था उसकी निगह से आश्कार[3]
जिस तरह ताइर[4] किसी जा थक रहे पर्वाज़[5] से
1 भक्ति-भाव 2 विनम्रता 3 प्रकट 4 परिन्दा 5 उड़ना

तू जो वाक़िफ़[1] हो तो जा उसको बुला ला जल्द याँ
मैं तसल्ली[2] दूँ उसे कुछ शर्म से कुछ नाज़[3] से
1 अवगत 2 सांत्वना, ढारस 3 अभिमान

है मिरा दिल उससे मिलने को निहायत[1] बे-क़रार[2]
सुनके वो हमराज़ बोला उस बुत-ए-तन्नाज़[3] से
1 अत्यंत 2 बे-चैन 3 हाव-भाव और अभिमान वाला मा'शूक़

मैं तो उसको जानता हूँ नाम है उसका 'नज़ीर'
और ख़बर है मुझको उसकी चाह के आग़ाज़[1] से
1 आरंभ

किसी की छीन न ली हमने चाह की गठरी
नज़र पड़ी नहीं हर्गिज़[1] निबाह की गठरी

1 कभी नहीं

पस-अज़-वफ़ात[1] न आए हमारी तुर्बत[2] पर
ब-जाए-सब्ज़ः[3] रखी ला के काह[4] की गठरी

1 मरने के बा'द 2 क़ब्र 3 फूल पत्तों की जगह पर 4 सूखी घास

मिज़ः[1] से उसकी पड़ा है मुक़ाबला[2] यारब
इधर ये दिल है उधर है सिपाह[3] की गठरी

1 पलक 2 टकराव, तुलना 3 फौज

हुज़ूर[1] में तिरी रहमत[2] के झुक नहीं सकता
कि सर प है मिरे बार-ए-गुनाह[3] की गठरी

1 सामने 2 कृपा 3 पापों की बोझ

रखे है कौन जुनूँ वादी-ए-मोहब्बत[1] में
बग़ैर[2] आब्लः-पा[3] ज़ाद-ए-राह[4] की गठरी

1 प्रेम-घाटी 2 के बिना 3 पाँव का छाला 4 रास्ते का सामान

उभार सीने प उसके कुचों[1] का है बारे
ये शाह-ए-हुस्न[2] के है ख़ेमा-गाह[3] की गठरी

1 स्तन 2 सुंदरता का राजा 3 कैम्प लगाने की जगह

ज़मीं 'नज़ीर' नहीं गर्म उसमें है क्या ख़ाक[1]
मगर ब-ज़ोर-ए-तबीअ'त[2] निबाह की गठरी

1 मिट्टी, कुछ नहीं 2 कलात्मक क्षमता की ताक़त

❁

ये मयकशी[1] हो भला किस नमत[2] ज़मीं के तले
कब इस शराब की मिलती है बत[3] ज़मीं के तले

1 शराब पीना 2 तरह 3 बतख़ जैसी शराब की सुराही

रक़म[1] हैं और तो यकसर[2] अ'याँ[3] मगर हैंगे[4]
ज़र-ए-दफ़ीनः[5] के हर्फ़-ओ-नुक़्त[6] ज़मीं के तले

1 लिखा होना 2 सब के सब 3 प्रकट 4 होंगे 5 ज़मीन में गड़ा धन 6 अक्षर और बिंदु

ये रस्म-ए-नामः-नवीसी[1] तो जीते जी तक है
वगर्ना[2] लिखता है फिर कौन ख़त[3] ज़मीं के तले

1 पत्र लिखने का चलन 2 नहीं तो 3 पत्र

नहाते धोते जो अब हैं सो बा'द-ए-मर्ग[1] कहाँ
अगर्चे[2] कितने ही जारी हैं शत[3] ज़मीं के तले

1 मरने के बा'द 2 यद्दपि 3 दरिया

मुहर्रफ़[1] और बराबर तो हैं यहीं यारो
क़लम को कौन लगाता है क़त[2] ज़मीं के तले

1 टेढ़ा, बिगड़ा हुआ 2 लकड़ी के क़लम के अगले हिस्से की टेढ़ी काट

ये धूमें छल्लें जो ज़ेर-ए-फ़लक[1] अ'याँ हैं 'नज़ीर'
जो चाहो फिर ये मिलें सब ग़लत ज़मीं के तले

1 आस्मान के नीचे

❁

न देंगे हम तो दिल और तुम हो कहते दो ज़बरदस्ती[1]
न साहब हम नहीं राज़ी मगर ले लो ज़बरदस्ती

1 बलपूर्वक

जो तुम ज़ोर-आवरी[1] करते हो हम से दिल लगाने में
किसी ने दिल लगाया है कहीं लोगो ज़बरदस्ती

1 शक्ति-प्रदर्शन

बुताँ[1] दस्त-ए-हिना-बस्त:[2] ये करते हैं जिसे माइल[3]
वो जाने है करें हैं उस प ये जो जो ज़बरदस्ती

1 मूर्तियाँ / मा'शूक़ 2 मेंहदी लगे हाथों वाला 3 आकर्षित

कहाँ तक दिल न देवे वो कि हर दम जिसके पास ऐ जाँ
बना कर हुस्न तुम हँस हँस के आ बैठो ज़बरदस्ती

न होते हम तो मिल कर तुम से बेबस[1] इस क़दर[2] लेकिन
करें क्या जब तुम्हीं आफी[3] से आ लिपटो ज़बरदस्ती

1 लाचार 2 इतना अधिक 3 आप ही

जो महबूबों से दिल माँगें तो झिड़कें और बिठा रखें
न दिल देवें न घर जाने दें ये देखो ज़बरदस्ती

करें हुज्जत[1] तो कहते हैं ख़ुशी से क्या दिया था दिल
अरे नादाँ[2] लिया हैगा वो हमने तो ज़बरदस्ती

1 तक्रार, झगड़ा 2 नासमझ

'नज़ीर' अब तो तुम्हारे बस में है कुछ कह नहीं सकता
करे जो हो सके तुम से ज़बरदस्तो[1] ज़बरदस्ती

1 शक्तिशाली लोग

BOOKS

रेख़्ता बुक्स के प्रकाशन

देवनागरी

1. क़श्क़ा खींचा दैर में बैठा	फ़रहत एहसास
2. अब मैं अक्सर मैं नहीं रहता	अनवर शुऊ'र
3. मौसम इतना सर्द नहीं था	ज़ुल्फ़िक़ार आ'दिल
4. खिड़की तो मैंने खोल ही ली	शारिक़ कैफ़ी
5. ग़ज़ल उसने छेड़ी (खंड 1,2,3,4,5,6)	संकलनः फ़रहत एहसास
6. गुलदस्ता-ए-क़व्वाली (खंड 1,2)	संकलनः सुमन मिश्र
7. सुब्ह-बख़ैर ज़िन्दगी	अमीर इमाम
8. अकेलेपन की इन्तिहा	जमाल एहसानी
9. सभी रंग तुम्हारे निकले	सालिम सलीम
10. तिरी सदा का इन्तिज़ार	ख़लीलुर्रहमान आ'ज़मी
11. इक शाम तुम्हारे हिस्से की	काशिफ़ ग़ाइर
12. रौशनी जारी करो	मनीष शुक्ला
13. लिफ़ाफ़े में रौशनी	मोहम्मद अ'ल्वी
14. होशियारी दिल-ए-नादान बहुत करता है	इ'रफ़ान सिद्दीक़ी
15. मिट्टी की सुंदरता देखो	सर्वत हुसैन
16. रेख़्ता उर्दू लर्निंग गाइड (अंग्रेज़ी, हिन्दी)	प्रो० अब्दुर रशीद
17. आख़िरी इ'श्क़ सबसे पहले किया	नो'मान शौक़
18. शाम के बा'द कुछ नहीं	शाहीन अ'ब्बास
19. गुलशन (उर्दू, देवनागरी)	मुज़्तर ख़ैराबादी
20. मोहब्बत जब नहीं होगी	आफ़्ताब हुसैन
21. किताब गुमराह कर रही है	शहराम सरमदी
22. जिस्म का बर्तन सर्द पड़ा है	अमीर हमज़ा साक़िब
23. ग़ज़ल का शोर	ज़फ़र इक़बाल
24. क़ाफ़िला-ए-नौ-बहार	संकलनः विकास शर्मा 'राज़'

25. मौजूद की निस्बत से — महेन्द्र कुमार सानी
26. दुख नए कपड़े बदल कर — शारिक़ कैफ़ी
27. लफ़्ज महफ़ूज़ कर लिए जाएँ — आ'सिम वास्ती
28. मोहब्बत करके देखो ना... — फ़रहत एहसास
29. उदासी बाल खोले सो रही है — नासिर काज़मी
30. मुझ पर मेरा साया पड़ गया — भारत भूषण पंत
31. रेख़्ता के ज़ौक़ — संकलनः फ़रहत एहसास
32. रेख़्ता के दाग़ — संकलनः फ़रहत एहसास
33. इ'श्क़ — मोई'द रशीदी
34. फिर मुझे नींद आ गई — रईस फ़रोग़
35. हिज्र की दूसरी दवा — फ़हमी बदायूनी
36. 100 शाइ'र 100 ग़ज़लें — संकलनः फ़रहत एहसास
37. उदास लोगों का होना बहुत ज़रूरी है — तर्कश प्रदीप
38. रेख़्ता के नज़ीर — संकलनः फ़रहत एहसास
39. लॉकडाउन के दौरान मौत का जिन्दगी-नामा — प्रज्ञा शर्मा
40. गंजे फ़रिश्ते — सआ'दत हसन मंटो
41. मौत की किताब (नॉवेल) — ख़ालिद जावेद
42. सूरजमुखी का फूल — दिलावर अ'ली आज़र
43. ख़ामुशी रास्ता निकालेगी — धीरेन्द्र सिंह फ़य्याज़
44. रेख़्ता के मोमिन — संकलनः फ़रहत एहसास
45. रेख़्ता के आतिश — संकलनः फ़रहत एहसास
46. हमसे क्या हो सका मोहब्बत में — फ़िराक़ गोरखपुरी
47. शीशा-घर में तोड़-फोड़ — संकलन: डॉ. मज़हर अहमद
48. रेख़्ता के इन्शा — संकलनः फ़रहत एहसास
49. अगर मैं शे'र न कहता — अ'ब्बास ताबिश
50. नुमाइन्दा कहानियाँ मंटो — सआ'दत हसन मंटो
51. नुमाइन्दा कहानियाँ प्रेमचंद — प्रेमचंद
52. नुमाइन्दा कहानियाँ राजिंदर सिंह बेदी — राजिंदर सिंह बेदी
53. उलट-पुलट का रोज़नामचा — पतरस बुख़ारी
54. नुमाइन्दा कहानियाँ कृष्ण चंदर — कृष्ण चंदर

55. उर्दू की प्रसिद्ध कहानियाँ — संकलनः राहुल झा
56. रंगों की मनमानी — वसीम नादिर
57. एक दिया और एक फूल — इ'शरत आफ़रीन

उर्दू

1. औराक़-ए-ख़िज़ानी — अहमद मुश्ताक़
2. आख़िरी पहर की दस्तक — शमीम हनफ़ी
3. वाहिमा वजूद का — सालिम सलीम
4. गुलशन — मुज्तर ख़ैराबादी
5. आख़िरी किनारे पर — मोई'द रशीदी

अंग्रेज़ी

1. दीवान-ए-ग़ालिब : सरीर-ए-ख़ामा — नजीब जंग
2. लव लॉन्गिंग लॉस इन उर्दू पोएट्री — संजीव सराफ़

संपर्क

रेख़्ता फ़ाउन्डेशन
बी-37, सेक्टर – 1
नोएडा, यू.पी. – 201301